As edições da
BÍBLIA no BRASIL

Cláudio Vianney Malzoni

As edições da
BÍBLIA no BRASIL

Dados Internacionais de Catalogação na Publicação (CIP)
(Câmara Brasileira do Livro, SP, Brasil)

Malzoni, Cláudio Vianney
As edições da Bíblia no Brasil / Cláudio Vianney Malzoni. – São Paulo :
Paulinas, 2016.

Bibliografia.
ISBN 978-85-356-4198-1

1. Bíblia 2. Bíblia - Edições de referência 3. Bíblia - Traduções
I. Título.

| 16-05516 | CDD-220.569 |

Índice para catálogo sistemático:
1. Bíblia : Tradução para o português   220.569

1ª edição – 2016
1ª reimpressão – 2018

Direção-geral: Bernadete Boff
Conselho editorial: Dr. Antonio Francisco Lelo
Dr. João Décio Passos
Maria Goretti de Oliveira
Dr. Matthias Grenzer
Dra. Vera Ivanise Bombonatto
Editores responsáveis: Vera Ivanise Bombonatto e Matthias Grenzer
Copidesque: Anoar Jarbas Provenzi
Coordenação de revisão: Marina Mendonça
Revisão: Equipe Paulinas
Gerente de produção: Felício Calegaro Neto
Projeto gráfico: Jéssica Diniz Souza

Nenhuma parte desta obra poderá ser reproduzida ou transmitida por qualquer forma e/ou quaisquer meios (eletrônico ou mecânico, incluindo fotocópia e gravação) ou arquivada em qualquer sistema ou banco de dados sem permissão escrita da Editora. Direitos reservados.

Paulinas
Rua Dona Inácia Uchoa, 62
04110-020 – São Paulo – SP (Brasil)
Tel.: (11) 2125-3500
http://www.paulinas.com.br – editora@paulinas.com.br
Telemarketing e SAC: 0800-7010081
© Pia Sociedade Filhas de São Paulo – São Paulo, 2016

"a difficuldade que comsigo traz huma Versão das Sagradas Letras, só a póde bem conhecer, quem metter mãos a semelhante empreza."
(Antonio Pereira de Figueiredo, Prefações ao leitor, p. XLVI).

Sumário

Introdução 11

Capítulo 1. As primeiras traduções da Bíblia ao português 15

Capítulo 2. As traduções da Bíblia ao português
do século XVIII 21
  2.1 A tradução de João Ferreira de Almeida 21
    2.1.1. Bíblia Sagrada, Almeida Revista e Corrigida 36
    2.1.2. Bíblia Sagrada, Almeida Revista e Atualizada 37
    2.1.3. Bíblia Vida Nova, Bíblia Shedd 39
    2.1.4. Bíblia Sagrada, Almeida Século XXI 39
    2.1.5. Bíblia Sagrada, Almeida Corrigida Fiel 41
    2.1.6. Bíblia de Estudo Scofield 42
  2.2. Outras traduções da Bíblia ao português
      do século XVIII feitas no Oriente 43
  2.3. A tradução de Antonio Pereira de Figueiredo 44
  2.4. A História Evangélica e a História Bíblica de Francisco
      de Jesus Sarmento 53
  2.5. Outras traduções da Bíblia do século XVIII 54

Capítulo 3. As primeiras traduções da Bíblia feitas
no Brasil de 1845 a 1943 55
  3.1. O Novo Testamento de Nosso Senhor Jesus Christo 55
  3.2. As traduções da Bíblia dos franciscanos da Bahia 56
  3.3. Bíblia Sagrada: traducção brazileira 58
  3.4. Outras traduções da Bíblia no Brasil: 1900-1920 61
  3.5. Bíblia Sagrada, tradução de Matos Soares 61

3.6. O Novo Testamento de Huberto Rohden 62

3.7. O Novo Testamento de frei João José
Pedreira de Castro 64

3.8. O Novo Testamento na tradução de
Álvaro Negromonte 65

3.9. O Novo Testamento na tradução de Vicente Zioni 65

Capítulo 4. As traduções da Bíblia feitas no Brasil
nas décadas de 1950 e 1960 67

4.1. O Novo Testamento, tradução de Lincoln Ramos 67

4.2. Bíblia Sagrada, Ave-Maria 68

4.3. A Bíblia da Liga de Estudos Bíblicos: A Santa Bíblia,
A Bíblia Mais Bela do Mundo, Bíblia Mensagem de Deus ... 71

4.4. O Novo Testamento de frei Mateus Hoepers e a
Bíblia Sagrada da Editora Vozes 73

4.5. Torah, a Lei de Moisés e as "Haftarot" 78

4.6. Bíblia Sagrada, tradução da edição do
Pontifício Instituto Bíblico 78

Capítulo 5. As traduções da Bíblia feitas no Brasil
nas décadas de 1970 e 1980 81

5.1. A Bíblia na Linguagem de Hoje e a Bíblia Sagrada:
Nova Tradução na Linguagem de Hoje 81

5.2. Bíblia Sagrada, tradução dos Missionários
Capuchinhos de Portugal, adaptada para o Brasil 86

5.3. Bíblia Sagrada: Nova Versão Internacional 86

5.4. Tradução do Novo Mundo das Escrituras Sagradas 88

5.5. A Bíblia de Jerusalém 88

5.6. Tradução Ecumênica da Bíblia (TEB) 94

5.7. Bíblia Sagrada: Edição Pastoral e a Nova Bíblia Pastoral 98

Capítulo 6. As traduções da Bíblia feitas no Brasil
a partir da década de 1990 101
6.1. Bíblia Sagrada: Tradução da CNBB 101
6.2. Bíblia do Peregrino 104
6.3. Bíblia Sagrada de Aparecida 105
6.4. Bíblia Hebraica, em português 106
6.5. A Bíblia, de Paulinas Editora 108

Excerto 1. Edições parciais da Bíblia 111

Excerto 2. Edições da Bíblia em línguas indígenas 115

Capítulo 7. A Bíblia: questões de tradução 117
7.1 Questões levantadas pelo ofício de traduzir a Bíblia 117

Capítulo 8. Legislação eclesiástica católica
e documentos oficiais sobre a tradução da Bíblia 123
8.1. O Código de Direito Canônico de 1917 123
8.2. As declarações da Pontifícia Comissão Bíblica
de 1934 e 1943 125
8.3. A encíclica Divino *Afflante Spiritu*,
do papa Pio XII, de 1943 126
8.4. O Concílio Vaticano II: a Constituição Dogmática
Dei Verbum, de 1965 128
8.5. O documento do Secretariado
para a União dos Cristãos de 1968 129
8.6. O Código de Direito Canônico de 1983 132
8.7. O documento da Pontifícia Comissão Bíblica
A interpretação da Bíblia na Igreja, de 1993 133

Capítulo 9. A Bíblia entre o catolicismo e o protestantismo:
do combate à cooperação 137

Excerto 3. A Sociedade Bíblica do Brasil (SBB) 145

Excerto 4. A Sociedade Bíblica Trinitariana 147

Excerto 5. A Liga de Estudos Bíblicos (LEB) 149

Conclusão 151

Referências bibliográficas 155

Lista dos nomes mencionados 169

Introdução

A Bíblia é considerada o livro mais lido em todo o mundo. Escrita em hebraico, aramaico e grego, em um período que vai do primeiro milênio antes de Cristo ao primeiro século depois de Cristo, desde seus primórdios começou a ser traduzida para os mais diversos idiomas. Aquela que é considerada a primeira tradução da Bíblia ao português foi feita no século XVIII, pelo pastor João Ferreira Annes de Almeida, em Batávia, atual Indonésia. No Brasil, a primeira tradução da Bíblia tem sua origem no início do século XX, tendo sido publicada em 1917 (edição completa) com o nome de Bíblia Sagrada, Tradução Brasileira, pelas sociedades bíblicas Britânica e Estrangeira, e Americana. Em âmbito católico, duas traduções disputam o título de primeira tradução feita no Brasil: a que, atualmente, se chama Bíblia Mensagem de Deus e a publicada pela Editora Ave Maria. Depois dessas, vieram outras, em número cada vez maior, e que tem crescido ainda mais, sobretudo nos últimos anos, criando um panorama vasto e extremamente diversificado de edições da Bíblia no País.

A pesquisa que aqui se apresenta está dividida em duas partes. A primeira tem como objetivo principal traçar um percurso histórico das principais traduções da Bíblia feitas em língua portuguesa que circulam ou circularam no Brasil. Ela começa com as primeiras notícias de traduções ainda parciais da Bíblia ao português, todas elas feitas em Portugal (capítulo 1). Em seguida, são apresentadas as traduções da Bíblia do século XVIII, entre as quais estão duas traduções clássicas da Bíblia ao português: a de João Ferreira de Almeida e a de Antonio Pereira de Figueiredo. Apesar de não terem sido feitas no Brasil, ambas conheceram ampla divulgação por estas terras, de modo especial a de Almeida, que, em várias recensões, é a tradução mais editada no País (capítulo 2). Na sequência, vêm as primeiras traduções da Bíblia feitas no Brasil, com a tradução do Novo Testamento de dom frei Joaquim de Nossa Senhora de Nazareth, bispo do Maranhão, abrindo a lista. O período de quase um século, de 1845 a 1943 (capítulo 3), tem seu ponto alto na edição da Bíblia Sagrada, Traducção Brazileira, em 1917. Os capítulos seguintes trazem as principais edições da Bíblia publicadas no Brasil nas décadas de 1950 e 1960 (capítulo 4), 1970 e 1980 (capítulo 5), e 1990 em diante (capítulo 6). Nesse período, de 1950 até os dias atuais, cresce o trabalho de tradução da Bíblia no Brasil e aumenta consideravelmente o número de edições publicadas.

A segunda parte tem como objetivo apresentar algumas questões que envolvem o ofício de traduzir a Bíblia. Ela está subdividida em três partes. A primeira abre um horizonte de questões que envolvem o ofício do tradutor e, de modo especial, o do tradutor da Bíblia (capítulo 7). A segunda volta-se apenas para o âmbito da Igreja Católica, apresentando os documentos e a legislação eclesiástica a respeito da tradução da Bíblia no último século (capítulo 8). A terceira e última abre-se novamente à perspectiva ecumênica, mostrando como católicos e protestantes passaram de uma atitude de suspeita e mútua condenação à colaboração no tocante à tradução da Bíblia (capítulo 9).

Completa esse quadro, um conjunto de cinco excertos: dois ao final da primeira parte, o primeiro com um breve elenco de traduções parciais da Bíblia ao português, notadamente do livro dos Salmos (excerto 1), e o segundo com a apresentação de duas edições da Bíblia feitas no Brasil, mas não em português, e sim em línguas indígenas (excerto 2). No final da segunda parte, há outros três excertos: sobre a Sociedade Bíblica do Brasil (excerto 3), sobre a Sociedade Bíblica Trinitariana (excerto 4), e sobre a Liga de Estudos Bíblicos (excerto 5).

Os resultados aqui apresentados são fruto de uma pesquisa laboriosa e meticulosa, ainda que incompleta. De modo especial o capítulo que trata das questões envolvidas no ofício de tradutor da Bíblia (capítulo 7), dada sua extrema complexidade, ainda poderia ser mais bem trabalhado. Ficará como uma tarefa para o futuro, dando continuidade ao trabalho atual.

Esta pesquisa surgiu de um estágio de pós-doutorado realizado no Programa de Pós-graduação em Teologia da Faculdade Jesuíta de Filosofia e Teologia (FAJE), em Belo Horizonte (MG), tendo recebido ajuda financeira da CAPES através do Programa Nacional de Cooperação Acadêmica (PROCAD NF 21/2009 – Fundamentos Teóricos e Processos Hermenêuticos na Interpretação e Recepção de Textos Sagrados).

Agradeço de modo muito especial ao Prof. Dr. Johan Konings, que aceitou acompanhar esta pesquisa e a quem sou devedor pelas diversas sugestões de melhora do texto. Também agradeço à coordenação do Programa de Pós-graduação em Teologia da Faculdade Jesuíta de Filosofia e Teologia (FAJE), na pessoa do Prof. Dr. Geraldo Luiz De Mori, coordenador do Programa de Pós-Graduação em Teologia. Agradeço à equipe da Biblioteca Padre Vaz, onde sempre fui muito bem recebido. Parabenizo à equipe da Biblioteca pela boa manutenção de um acervo riquíssimo. Agradeço, enfim, aos amigos de Belo Horizonte que me receberam nas diversas vezes que tive de ir a essa cidade e, de modo especial, à família de Edna e Darvin Mariz. A todos a minha gratidão.

CAPÍTULO 1

As primeiras traduções da Bíblia ao português

A história da Bíblia no Brasil lança suas raízes em tempos remotos, mesmo antes da chegada dos primeiros portugueses ao Brasil, ainda em Portugal, quando foram feitas as primeiras traduções parciais da Bíblia ao português.

Uma das principais fontes de informação para esse período continua sendo o verbete *Portugaises (versions) de la Bible*, no *Dictionaire de la Bible*, de 1912, preparado por J. Pereira. Ele remete a duas publicações de dom frei Fortunato de São Boaventura (1777-1844), arcebispo de Évora, que trazem informações sobre o tema.

Em uma dessas publicações, Fortunato recolhe a informação de que um suposto bispo de Évora, de nome Gastão de Fox, teria traduzido a Bíblia ao árabe e de que o rei, dom Diniz (1261-1325), o teria feito traduzir do árabe ao português. Fortunato argumenta, no entanto, que essa informação é falsa. Na outra publicação, Fortunato traz informações sobre uma tradução dos Atos dos Apóstolos (*Traducção do livro dos Actos dos Apostolos*) e uma história abreviada do Antigo Testamento (*Historias d'abreviado Testamento Velho, segundo o Meestre das Historias scolasticas, e segundo outros que as abreviarom, e com dizeres d'alguns doctores e sabedores*). Essas traduções se encontravam em manuscritos do Mosteiro de Alcobaça, sendo que o manuscrito que contém as *Historias* é datado de aproximadamente 1320. Para J. Pereira, é aos monges de Alcobaça que vai a honra da primeira tradução da Bíblia ao português, ainda que parcial.[1] Esse manuscrito foi publicado em 1829 pelo mesmo frei Fortunato de São Boaventura. Depois dessa época, o manuscrito se perdeu.[2] Em 1958, houve uma nova publicação, feita no Brasil, a partir da edição de frei Fortunato, pelo filólogo Serafim da Silva Neto (1917-1967): *Bíblia Medieval Portuguesa* (Rio de Janeiro: Instituto Nacional do Livro, 1958). Silva Neto publicou apenas o primeiro tomo, no qual era apresentado um projeto que previa outros três tomos.[3] Em 1992, houve uma nova edição abrangendo apenas o Pentateuco (*O Pentateuco da Bíblia medieval portuguesa*. Introdução e glossário de Heitor Megale. São Paulo: Imago/EDUC, 1992).

As *Historias* não são uma tradução da Bíblia, como o próprio título deixa perceber, mas uma "história abreviada do Antigo Testamento segundo o mestre das histórias escolásticas", Pedro Comestor, teólogo francês do século XII, que compôs uma *Scholastica Historia* que ia das origens do mundo ao martírio de são Pedro e são Paulo, em Roma. Sua obra, usada nas escolas medievais, conheceu ampla difusão na Europa de então.[4]

J. Tolentino Mendonça cita outro manuscrito que se encontra no museu da cidade de Lamego, conhecido como *Bíblia de Lamego*, que traz como título *Livro das estorias da blivia do testamento velho segundo o mestre das semtenças*. Esse manuscrito já tinha sido noticiado por frei Fortunato de São Boaventura, segundo o qual seria semelhante ao manuscrito de Alcobaça. De fato, ambos se baseiam na *Historia Scholastica* de Pedro Comestor, mas apresentam diferenças. O exemplo talvez mais marcante seja o

---

[1] J. Pereira, Portugaises (versions) de la Bible, c. 559-560.
[2] H. Megale, Introdução, p. 10.
[3] O primeiro volume traz o Antigo Testamento. O segundo volume abrangeria os evangelhos, o terceiro seria dedicado aos Atos dos Apóstolos e o quarto traria glossário. H. Megale, Introdução, p. 20.
[4] J. E. M. Terra, A *Bíblia e a evangelização do Brasil*, p. 17-18.

caso do livro de Jó, ausente na *Historia Scholastica*, com breves fragmentos no manuscrito de Alcobaça, mas presente na *Bíblia de Lamego*.[5]

O outro manuscrito do mosteiro de Alcobaça, que contém a tradução dos Atos dos Apóstolos, é o manuscrito alcobacense 280, de 1442-1443, mas que pode ser cópia de um manuscrito do século anterior. Esse texto dos Atos dos Apóstolos foi impresso em Lisboa em 1565 com o título de *Os Autos dos Apostolos*.[6]

Depois de tratar das traduções do Mosteiro de Alcobaça, J. Pereira reporta-se ao historiador português Fernão Lopes (1385-1459), que escreveu a *Chronica d'el Rei D. João I*, rei de Portugal (1358-1433). Escreve o cronista que esse rei "mandou traduzir, por grandes letrados, em língua (portuguesa), os Evangelhos, os Atos dos Apóstolos e as Epístolas de são Paulo, bem como outros livros espirituais dos santos".[7] Sobre essa tradução nada mais se sabe, nem seu paradeiro. O mesmo se pode dizer de outra notícia de uma *traducção historiada do Antigo Testamento*, feita no século XV por um sábio teólogo que conhecia o hebraico. Essa notícia provém de dom frei Manuel do Cenaculo Villas-Boas (1724-1814), em seu livro *Cuidados litterarios do Prelado de Beja em graça de seu bispado*, de 1788.[8]

A notícia seguinte vem de Diogo Barbosa Machado (1688-1772) que, em sua *Bibliotheca Lusitana*, refere-se a uma versão feita por Gonçalo Garcia de Santa Maria (1447-1521), impressa em 1479 com o título de *Epistolas, e Evangelhos, que se cantaõ no discurso do anno*, mas sem mencionar o local da impressão.[9] Francisco Leitão Ferreira (1667-1735), no entanto, em suas *Noticias Chronologicas*

---

[5] J. T. Mendonça, *Bíblia ilustrada*, p. 8.10.
[6] J. E. M. Terra, *A Bíblia e a evangelização do Brasil*, p. 18.
[7] Citado por J. Pereira, Portugaises (versions) de la Bible, c. 560.
[8] J. Pereira, Portugaises (versions) de la Bible, c. 560.
[9] A *Bibliotheca Lusitana* de Diogo Barbosa Machado pode ser consultada na internet, no sítio da Universidade de Coimbra. A notícia a respeito de Gonçalo Garcia de Santa Maria encontra-se no tomo II, p. 394.

da Universidade de Coimbra escreve que Gonçalo Garcia era originário de Saragoça, na Espanha, e que teria feito uma versão em castelhano.[10]

Em 1497, foi publicada no Porto, em edição impressa, a obra *Evangelhos e epístolas com suas exposições em romance*, tradução de Rodrigo Álvares, que também é o editor da obra.[11] J. E. M. Terra sugere que essa versão seria uma tradução portuguesa baseada na obra de Gonçalo Garcia, impressa em Salamanca, em 1493.[12] Os títulos de uma e da outra obra não são os mesmos, o que não é argumento decisivo nem a favor nem contra a identidade entre elas, ainda mais que a tradução portuguesa apenas se basearia na tradução castelhana.

A próxima notícia de uma tradução da Bíblia ao português, também uma tradução parcial, é a que fez Dona Philippa de Lancastre, filha do infante Dom Pedro e neta de Dom João I. Ela viveu de 1435 a 1497, tendo terminado seus dias no convento das monjas cistercienses de Odivelas. A tradução foi do francês ao português e compreendia os *Evangelhos e Homilias de todo o anno*. As notícias a respeito dessa tradução aparecem no *Agiologio Lusitano*, de Jorge Cardoso (1606-1669), na *Historia Genealogica da Casa Real*, de Antonio Caetano de Sousa (1674-1759), na *Bibliotheca Lusitana*, de Diogo Barbosa, no prefácio de Antonio Pereira de Figueiredo à sua tradução à Bíblia, e ainda em *Portugal Antigo e Moderno* (1875) de Augusto Soares d'Azevedo Barbosa de Pinho Leal (1816-1884). Este último escreve: "D. Philippa escreveu um manuscrito e o ornou de miniaturas; trata-se de uma obra de grande mérito, a qual doou ao mosteiro (de Odivelas), e que ainda existe".[13]

---

[10] J. Pereira pensa ser verdadeira a informação de que Gonçalo Garcia teria publicado a obra *Epistolas e Evangelhos*, mesmo se fosse ele originário da Espanha. J. Pereira, Portugaises (versions) de la Bible, c. 560-561.

[11] A Biblioteca Nacional de Portugal possui um exemplar da obra digitalizado e disponível na internet: http://purl.pt/21816/3/#/0 Acesso em 15 Fev 2014.

[12] J. E. M. Terra, *A Bíblia e a evangelização do Brasil*, p. 19.

[13] Citado por J. Pereira, Portugaises (versions) de la Bible, c. 561, de onde provêm todas as informações a respeito desta tradução de dona Philippa.

Do mesmo período, seria a tradução ao português da obra *De Vita Christi*, de Ludolfo de Saxônia, uma harmonia evangélica baseada no evangelho segundo Mateus, entremeado de partes dos outros evangelhos e de comentários de outras fontes. A tradução ao português foi feita por frei Bernardo de Alcobaça († 1478), sendo publicada em Lisboa, na tipografia de Valentim Fernandes de Morávia e Nicolau de Saxônia.[14] O título da obra em português foi *Grande vida de Jesus Cristo*, e o ano de sua publicação, 1495.[15] A publicação dessa harmonia evangélica foi financiada pela rainha, dona Leonor (1458-1525), esposa de dom João II. A mesma dona Leonor, segundo frei Manuel do Cenáculo, mandou imprimir uma tradução dos Atos dos Apóstolos, das cartas de Pedro, João e Judas.[16] De acordo com L. A. Giraldi, essa tradução incluía também a carta de Tiago.[17] Segundo J. E. M. Terra, o autor dessa tradução foi, provavelmente, o mesmo frei Bernardo de Alcobaça.[18] Helena Costa Toipa, em artigo de 1994 sobre o mecenato de dona Leonor, menciona frei Bernardo de Alcobaça como o autor da tradução portuguesa do *De Vita Christi*, e frei Bernardo e frei Nicolau Vieira como os tradutores para o português dos *Atos dos Apóstolos* de Bernardo de Brihuega ou Briocarus, tradução que serviu de base para a impressão de Valentim Fernandes em 1505.[19]

Essas teriam sido as iniciativas mais importantes de tradução da Bíblia ao português do século XIV ao início do século XVI. Em seguida, vem um longo período, até o século XVII, em que as iniciativas de traduções da Bíblia ao português desaparecem. Em seu lugar, surgem os comentários latinos ao texto bíblico, destacando-se, entre os comentadores: Bartolomeu dos Mártires (1514-

---

[14] A. R. dos Santos, Memoria sobre algumas traducções, p. 22.
[15] J. E. M. Terra, *A Bíblia e a evangelização do Brasil*, p. 20.
[16] J. E. M. Terra, *A Bíblia e a evangelização do Brasil*, p. 19-20.
[17] L. A. Giraldi, *História da Bíblia no Brasil*, p. 26.
[18] J. E. M. Terra, *A Bíblia e a evangelização do Brasil*, p. 20.
[19] H. C. Toipa, Cataldo Sículo e o mecenato da rainha d. Leonor, p. 172.

1590), Heitor Pinto (1528-1584) e Antônio Vieira (1608-1697). A razão de tal desaparecimento pode ser encontrada em algumas medidas tomadas pela Igreja Católica no Concílio de Trento e no período que se seguiu ao Concílio. A Igreja passou a insistir na utilização do texto latino da Vulgata e a restringir o uso de versões da Bíblia.[20]

Em 24 de março de 1564, surgia a bula *Dominici Gregis*, de Pio IV (1499-1565), que exigia uma licença especial do bispo ou do inquisidor para a utilização da Bíblia em uma versão em língua vernácula. Em Portugal, essa medida já tinha sido antecipada por reis e bispos. Os exemplares de todos os livros da Bíblia traduzidos em língua vernácula deveriam trazer, na primeira página, a permissão dada àquele que dela iria se servir.[21]

---

[20] S. Voigt, Versões em português, p. 187.
[21] J. Pereira, Portugaises (versions) de la Bible, c. 562.

CAPÍTULO 2

As traduções da Bíblia ao português do século XVIII

O século XVIII viu surgir duas traduções da Bíblia ao português que se tornaram clássicas, inclusive por sua importância para a língua portuguesa enquanto tal. São elas: a tradução de João Ferreira de Almeida e a de Antonio Pereira de Figueiredo. Além dessas duas traduções, o século XVIII ainda produziu outras traduções parciais ou adaptadas da Bíblia ao português, algumas feitas no Oriente, outras em Portugal.

2.1 A tradução de João Ferreira de Almeida

O cenário de desconfiança em relação às edições da Bíblia em língua vernácula que se instaurou na Igreja Católica contribuiu para que a primeira tradução da Bíblia ao português viesse da parte dos protestantes. Trata-se da tradução de João Ferreira de Almeida, do século XVIII, a primeira tradução completa da Bíblia ao português, com exceção dos livros deuterocanônicos do Antigo Testamento. Ela foi feita diretamente das línguas bíblicas: hebraico, aramaico e grego.

As origens dessa tradução se confundem com a própria história de João Ferreira Annes d'Almeida, que nasceu em Torres de Tavares, Portugal, em 1628. Órfão de pai e mãe, Almeida foi criado por um tio clérigo, em Lisboa. Emigrou para a Holanda[1] e dali foi viver nas colônias holandesas na Ásia: em Málaca, atual

---

[1] J. Falcão, Almeida (João Ferreira de), c. 1379.

Malásia; em Batávia, atual Jacarta, Indonésia; no Ceilão, atual Sri Lanka, e novamente em Batávia, onde veio a falecer em 1691.[2]

A biografia de João Ferreira de Almeida e sua tradução da Bíblia contam, atualmente, com uma importante obra de referência: a tese de doutorado de Herculano Alves: *A Bíblia de João Ferreira Annes d'Almeida*, publicada em 2006. H. Alves visita criticamente as informações *históricas* a respeito dessa figura de relevo, ajudando a discernir o que pode ou não ter sido verdadeiro.

De acordo com J. Falcão, Almeida tornou-se calvinista depois de ter lido um panfleto anticatólico, escrito em espanhol, chamado de *Differença da Christandade*..., que, posteriormente, ele próprio traduziu ao português, e ao qual acrescentou um apêndice: *Appendice à Differença da Christandade*, em 1673. Quando se converteu ao calvinismo, Almeida tinha a idade de catorze anos, em 1642, conforme se deduz de uma nota autobiográfica no prefácio de sua tradução ao opúsculo *Differença da Christandade*.[3]

Almeida começou seu ofício de tradutor da Bíblia quando ainda estava em Málaca, onde viveu dos 16 aos 23 anos. Aos 16 anos, teria começado a traduzir os evangelhos e algumas epístolas paulinas do espanhol ao português. Conta-se que ele próprio fazia cópias de suas traduções para distribuí-las pelas comunidades de Málaca.[4]

Em 1651, Almeida se transferiu para Batávia, onde iniciou seus estudos de teologia, ao mesmo tempo em que exercia a função de capelão. Durante três anos, trabalhou na revisão da tradução do Novo Testamento que fizera. Em seguida, passou a lecionar por-

---

[2] L. A. Giraldi, *História da Bíblia no Brasil*, p. 25.
[3] J. Falcão, Almeida (João Ferreira de), c. 1379.
[4] J. T. Mendonça, *Bíblia ilustrada*, p. 14. De acordo com L. A. Giraldi, Almeida teria começado por traduzir os evangelhos do texto latino de Theodoro de Beza, edição de 1557, servindo-se de versões da Bíblia em espanhol, francês e italiano. Em seguida, teria traduzido algumas cartas paulinas. L. A. Giraldi, *História da Bíblia no Brasil*, p. 24. A mesma informação é veiculada por V. Scholz, que também acrescenta que, por volta de 1645, Almeida já teria concluído a tradução de todo o Novo Testamento, mas essa tradução nunca foi publicada e, possivelmente, se perdeu. V. Scholz, *Bíblia de Almeida*, p. 9.

tuguês a pastores, traduzir livros e ministrar aulas de religião a professores de escolas primárias.[5] De acordo com V. Scholz, Almeida foi ordenado ao ministério em 1658, em Batávia.[6] De acordo com L. A. Giraldi, ele foi ordenado em 1656, tendo, em seguida, ido morar no Ceilão. Ali, Almeida se casou com Lucretia Valcoa de Lemmes, com quem teve dois filhos.[7] A presença de Almeida no Ceilão com sua esposa é atestada por uma notícia de Filippe Baldeus em obra na qual relata sua estada nessa ilha. Ele conta que, durante uma viagem de Almeida de Gale a Colombo, a liteira na qual viajava a esposa de Almeida foi derrubada pela tromba de um elefante. Os que carregavam a liteira fugiram e ninguém se feriu.[8]

Também provém de Filippe Baldeus a notícia de que Almeida teria sido queimado em efígie em Goa. H. Alves comenta essa informação, posteriormente encontrada em vários outros autores, tomando, porém, uma postura crítica, uma vez que não existe documentação capaz de comprová-la:

> Da tal condenação de Almeida em Goa, não encontrámos qualquer documento. Não será uma "invenção" de Baldeus, integrada no género literário da sua obra? Uma outra saída para esta questão é a impossibilidade de encontrar os documentos da própria Inquisição de Goa, que foram quase todos queimados, depois da abolição desta, em 1812.[9]

Em 1663, Almeida voltou a morar em Batávia, permanecendo ali até o final de sua vida. Nessa cidade, exerceu o pastorado e retomou seu trabalho de tradução da Bíblia. Provavelmente foi

---

[5] L. A. Giraldi, *História da Bíblia no Brasil*, p. 25.
[6] V. Scholz, Bíblia de Almeida, p. 8.
[7] L. A. Giraldi, *História da Bíblia no Brasil*, p. 25. De acordo com J. Falcão, Almeida se casou em 1642 com a filha de um pastor calvinista holandês. J. Falcão, Almeida (João Ferreira de), c. 1379.
[8] H. Alves, *A Bíblia de João Ferreira Annes d'Almeida*, p. 18.
[9] H. Alves, *A Bíblia de João Ferreira Annes d'Almeida*, p. 19, n. 4.

nessa época que Almeida, já conhecendo o holandês, intensificou seu estudo do hebraico e do grego. Ele passou, então, a utilizar, para a tradução do Novo Testamento, a segunda edição do *Textus Receptus*, publicada na Holanda em 1633.[10]

De acordo com A. R. dos Santos, para suas traduções da Bíblia ao português, Almeida se serviu de traduções já existentes: para o Antigo Testamento, a tradução holandesa de 1618 e a tradução espanhola de Cypriano de Valera, de 1602; para o Novo Testamento, a nova tradução holandesa, de 1637, e a mesma tradução espanhola de Valera.[11] Ainda de acordo com A. R. dos Santos, em suas traduções, Almeida teria seguido as regras que tinham sido propostas pelo Sínodo protestante de Drodeck, de 1618, quais sejam:

I.° encostou-se religiosamente ao Texto Original, de que não despregou os olhos; 2.° entendendo que em huma obra tão Sagrada, como esta, devia sacrificar-se a elegancia, e harmonia da locução á fidelidade, e exacção dos pensamentos, assentou em rastrear o Texto palavra por palavra, trasladando os mesmos termos, e expressões, e seguindo o mesmo genio, e idiotismo da Lingua Original, quanto lho permittia a clareza, e propriedade de nossa Lingua; 3.° para suppir algumas ellipses, e completar em alguns lugares o sentido do Texto, tratou de lhe accrescentar as menos palavras que foi possivel, distinguindo-as com a differença dos caracteres Italicos, e demarcando-as com a linha dos parenthesis, para que assim facilmente se extremassem das palavras do puro Texto; 4.° substituio algumas vezes os termos e frases da sua Traducção synominos, e expressões marginaes, que mais servissem a declarar, e determinar o sentido do Texto; 5.° acrescentou tambem na margem os lugares parallelos da Escritura : 6.° a cada hum dos Capitulos poz a somma das materias, ou artigos que nelles se tratavão.[12]

---

[10] L. A. Giraldi, *História da Bíblia no Brasil*, p. 25.
[11] A. R. dos Santos, Memoria sobre algumas traducções, p. 24-25.44.
[12] A. R. dos Santos, Memoria sobre algumas traducções, p. 44-45.

Em 1676, Almeida comunicou ao presbitério que tinha concluído a tradução do Novo Testamento.[13] Para publicá-la, ele precisava de uma recomendação do presbitério, a qual somente seria concedida depois que seu trabalho passasse pelo exame de revisores indicados pelo próprio presbitério. Em 1680, quatro anos depois, como a recomendação ainda não tinha sido concedida, Almeida decidiu enviar, por conta própria, seus manuscritos para serem impressos na Holanda. O presbitério, contudo, conseguiu interceptar a impressão.[14]

Assim, o trabalho de Almeida passou, primeiramente, pelas mãos de revisões locais, tendo sido discutida pelo concílio da Igreja em Batávia, em novembro de 1676. Em seguida, foi a vez da Igreja em Amsterdã se interpor, uma vez que já tinha chegado até ela notícias da tradução, e que esta não era exatamente conforme a tradução oficial holandesa. Por fim, a Igreja em Amsterdã superou suas resistências, e a tradução foi entregue para ser publicada.[15]

A publicação aconteceu em 1681, trazendo como título: *O Novo Testamento, Isto he, Todos os Sacro Sanctos Livros e Escriptos Evangelicos e Apostolicos do Novo Concerto de nosso Fiel Senhor Salvador e Redemptor Jesu Christo, Agora traduzidos em portuguez pelo Padre João Ferreira A. d'Almeida, Ministro Pregador do Sancto Evangelho. Com todas as licenças necessarias. Em Amsterdam. Por a viuva de J. V. Someren. Anno 1681.*[16]

A contracapa traz a informação de que mandou imprimir essa edição a Companhia da Índia Oriental e que o texto passou pela revisão dos ministros pregadores Bartholomeu Heynen e Joannes

---

[13] De acordo com V. Scholz, a tradução de Almeida do Novo Testamento feita a partir do texto grego tinha sido concluída em 1670. V. Scholz, Bíblia de Almeida, p. 9.
[14] L. A. Giraldi, *História da Bíblia no Brasil*, p. 25.
[15] V. Scholz, Bíblia de Almeida, p. 9.
[16] A. R. dos Santos, Memoria sobre algumas traducções, p. 48. J. Falcão, Almeida (João Ferreira de), c. 1380-1381.

de Vaught. No início do livro, há um prólogo e, no início de cada capítulo, há um sumário. A edição, contudo, saiu repleta de erros, sobretudo porque o corretor da impressão não dominava a língua portuguesa.[17]

A edição chegou a Batávia somente no ano seguinte. Quando os erros foram constatados, o fato foi comunicado às autoridades na Holanda e, por determinação da Companhia da Índia Oriental, todos os exemplares que ainda não tinham sido expedidos foram destruídos. A ordem incluía a destruição também dos exemplares que tinham chegado a Batávia. Alguns deles, contudo, não foram destruídos e alguns dentre esses, corrigidos à mão, foram enviados às congregações.[18] Há um exemplar dessa edição na Biblioteca Nacional de Lisboa, acessível pela internet.[19] Almeida publicou em Batávia, em 1º de janeiro de 1683, uma lista com mais de mil correções à edição, com a observação de que a lista não era completa.[20]

Diante dessa situação, o presbitério começou a fazer uma minuciosa revisão da tradução, que terminou por durar dez anos. Enquanto isso, Almeida trabalhava na tradução do Antigo Testamento. Em 1683, a tradução do Pentateuco estava pronta e foi entregue para a revisão do presbitério. Em 1691, Almeida continuava seu trabalho de tradutor quando veio a falecer. A tradução do Antigo Testamento ficava interrompida em Ezequiel 48,21.[21]

Dois anos depois, em 1693, aparecia, em Batávia, a segunda edição do Novo Testamento, com o título *O Novo Testamento, isto he, todos os livros do novo concerto de nosso fiel senhor e redemptor Jesu Christo, traduzido na língua portugueza pelo reverendo padre João Ferreira A. de Almeida, ministro pregador do Sancto Evangelho n'esta cidade de Batavia em Java Maior. Em Batavia, por João de Vi-*

---

[17] A. R. dos Santos, Memoria sobre algumas traducções, p. 49.
[18] L. A. Giraldi, *História da Bíblia no Brasil*, p. 25.
[19] Consultar em http://purl.pt/12730.
[20] A. R. dos Santos, Memoria sobre algumas traducções, p. 49.
[21] L. A. Giraldi, *História da Bíblia no Brasil*, p. 25-26.

tes, impressor da Illustre Companhia, e desta nobre cidade. Ela é o resultado de um trabalho de revisão empreendido por Theodorus Zas (-1704) e Jacobus Opden Akker. Essa revisão, contudo, deixou sem correção a maioria dos erros da primeira edição. Por outro lado, houve mudanças consideráveis na ordem das palavras, sendo os verbos colocados no final das frases, tornando bastante obscuro o sentido do texto.[22]

Em 1694, J. Opden Akker concluía a tradução do Antigo Testamento que, no entanto, ainda levaria algum tempo para ser publicada.[23]

Enquanto isso, surgia a terceira edição do Novo Testamento, em 1712, feita em Amsterdã. Essa edição não traz os sumários dos capítulos, e os sinônimos colocados na margem na primeira edição vieram para o texto na forma de subscrito. A quantidade de erros é grande, sobretudo porque faltou um corretor da impressão, mas ainda assim em menor número que na primeira edição.[24] Há um exemplar dessa edição na Biblioteca Nacional, descrito no Catálogo de José A. T. de Melo: *O Novo Testamento, isto he, todos os sacrosanctos Livros e Escritos Euangelicos e Apostolicos do Novo Concerto de Nosso Fiel Senhor Salvador e Redemptor Jesu Christo: traduzido em Portuguez pelo Padre Joam Ferreira d'Almeida, Ministro Pregador do Santo Evangelho*. A edição foi feita por Joam Crellius.[25]

Em 1748, em Batávia, era publicado *Do Velho Testamento, o primeiro tomo que contèm os S.S. Livros de Moyses, Josua, Juizes, Ruth, Samuel, Reys, Chronicas, Esra, Nehemia & Esther. Traduzidos em portuguez por João Ferreira A. d'Almeida, Ministro Pregador do Santo Evangelho na Cidade de Batavia. Batavia. Com todas as licenças*

---

[22] A. R. dos Santos, Memoria sobre algumas traducções, p. 52. J. Pereira, Portugaises (versions) de la Bible, c. 563.
[23] L. A. Giraldi, *História da Bíblia no Brasil*, p. 26.
[24] A. R. dos Santos, Memoria sobre algumas traducções, p. 53.
[25] J. A. T. de Melo, *Catálogo por ordem chronologica das bíblias*, p. 147.

necessarias: na Officina do Seminario, por M. Mulder, impressor nella, Anno de MDCCXLVIII.[26] Em 1753, novamente em Batávia, era publicado *Do Velho Testamento o segundo tomo que contem os S.S. Livros de Job, os Psalmos, os Proverbios, o Pregador, os Cantares com os Prophetas Mayores e Menores. Traduzidos em portuguez por Joaõ Ferreira A. d'Almeida, e Jacob Opden Akker, Ministros Pregadores do Santo Evangelho na Cidade de Batavia. Na Officina do Seminario por G. H. Heusler, impressor nella. Anno de M. D. C. C. LIII. 8.°*. A impressão dos dois tomos foi custeada pela Companhia Holandesa da Índia Oriental.[27] Os textos foram revistos e conferidos com o original por Johan Maurits Mohr e Lebrecht August Behmer, que também assinam um prólogo à edição.[28] O primeiro tomo está dividido em dois volumes, o primeiro contendo os livros do Gênesis ao Deuteronômio; o segundo os livros de Josué a Ester. A Biblioteca Nacional possui um exemplar desse primeiro tomo, com seus dois volumes.

Além das edições feitas em Amsterdã e Batávia, a tradução de Almeida também começou a ser publicada em Trangambar (ou Tranquebar, atual Tharangambadi, Índia), pela Missão Real da Dinamarca. Foram várias edições. Os missionários tinham começado a fazer sua própria tradução da Bíblia, e, inclusive, tinham publicado, em 1719, o Pentateuco e os Salmos. Essa tradução, contudo, foi abandonada em favor da tradução de Almeida por dois motivos: o primeiro porque a tradução de Almeida era melhor do ponto de vista linguístico; o segundo porque se pretendia publicar toda a Bíblia e, assim, já se ia utilizando a tradução de Almeida desde o princípio.[29]

A primeira edição de Almeida feita em Trangambar surgiu em 1738: *Os Livros Historicos do Velho Testamento, convem a saber: O*

---

[26] A. R. dos Santos, Memoria sobre algumas traducções, p. 25.
[27] A. R. dos Santos, Memoria sobre algumas traducções, p. 26.
[28] *Do Velho Testamento*, páginas iniciais.
[29] A. R. dos Santos, Memoria sobre algumas traducções, p. 29-31.

Livro de Josue, o livro de Juizes, o livro de Ruth. O primeiro livro de Samuel, o segundo livro de Samuel. O primeiro livro dos Reis. O segundo livro dos Reis. Primeiro livro das Chronicas, o segundo livro das Chronicas. O livro de Esdras. O livro de Nehemias. O livro de Esther. Traduzidos em a linguagem Portugueza pelo Reverendo Padre João Ferreira A de Almeida, Ministro Pregador do Santo Evangelho na Cidade de Batavia. Revistos, e conferidos com o Texto Original pelos Padres Missionarios de Tragambar. Na Officina da Real Missão de Dinamarca. Anno de 1738.[30]

Essa edição traz um prólogo ao leitor cristão, introduções para cada livro bíblico, um sumário no início de cada capítulo e indicações de lugares paralelos ao final dos versículos. Há ainda algumas notas de rodapé. Essa publicação recolhe a tradução de Almeida que passou por uma revisão feita pelos missionários da Real Missão Dinamarquesa a partir de uma comparação com o texto bíblico em seu idioma original. As despesas da publicação foram arcadas por Theodoro Van Cloon, governador geral da Índia Holandesa, e sua esposa, Antonia Adriana Lingele.[31]

Em 1740, também em Trangambar, foi publicado o livro dos Salmos: *Livro dos Psalmos de David. Traduzidos na Lingua Portugueza pelo Reverendo Padre João Ferreira A. de Almeida, Ministro Pregador do Santo Evangelho na Cidade de Batavia. Revisto, e conferido pelos Padres Missionarios de Trangambar. Na Officina da Real Missão de Dinamarca. Anno de 1740.*[32] Em 1744, houve uma segunda edição dos Salmos, juntamente com os outros livros sapienciais: *Job, Psalmos, Proverbios, Eclesiastês, Cantares*. O aparato intertextual da edição é o mesmo que o encontrado nas outras

---

[30] A. R. dos Santos, Memoria sobre algumas traducções, p. 33.
[31] A. R. dos Santos, Memoria sobre algumas traducções, p. 34.
[32] A. R. dos Santos, Memoria sobre algumas traducções, p. 36. A. R. dos Santos refere-se ainda a uma revisão da tradução de Almeida do Antigo Testamento feita em Trangambar, pelo missionário dinamarquês Grundler, que teria sido publicada em 1717. A. R. dos Santos, Memoria sobre algumas traducções, p. 28.

edições da tradução de Almeida feitas em Trangambar: introduções a cada livro, sumário no início de cada capítulo, indicações de lugares paralelos ao final de cada versículo e algumas notas de pé de página.[33]

Em 1749, houve uma nova edição do *Livro dos Psalmos*, feita em Trangambar,[34] e, em 1751, uma edição dos Profetas Maiores: *Os quatro Profetas Mayores convem a saber: Esaias, Jeremias, com as Lamentações de Jeremias, Ezechiel, Daniel, etc. Trangambar. Na Officina da Real Missão de Dinammarca. Anno de 1751*.[35]

Segundo A. R. dos Santos, para essa edição, a parte final do livro de Ezequiel que não tinha sido traduzida por Almeida, bem como todo o livro de Daniel, foram traduzidos por Christovão Theodosio Walther. Além disso, toda a tradução foi conferida com o texto hebraico pelos missionários da Missão Dinamarquesa em Trangambar, dentre os quais se destacou a figura de Nicoláo Dal. A edição traz o mesmo aparato intertextual que o das outras edições feitas em Trangambar.[36]

Em 1757, houve uma nova edição do Pentateuco com o seguinte título: *Os cinco Livros de Moyses convem a saber I. Genesis. II. Exodo. III. Levitico. IV. Numeros. V. Deuteronomio. Traduzidos na Lingua Portugueza pelo Reverendo Padre João Ferreira A. de Almeida, Ministro Pregador do Santo Evangelho na Cidade de Batavia. Revista e conferida com o Texto Original pelos Missionarios de Trangambar. Na Officina da Real Missão de Dinamarca. Anno 1757*.[37]

Essa edição trazia, em seu início, um prólogo ao leitor e exortações sobre como um cristão deve ler a Sagrada Escritura. Para cada livro do Pentateuco, havia uma introdução; no início dos

---

[33] A. R. dos Santos, Memoria sobre algumas traducções, p. 37.
[34] J. Pereira, Portugaises (versions) de la Bible, c. 564. A. R. dos Santos, Memoria sobre algumas traducções, p. 37.
[35] A. R. dos Santos, Memoria sobre algumas traducções, p. 40-41.
[36] A. R. dos Santos, Memoria sobre algumas traducções, p. 40-41.
[37] A. R. dos Santos, Memoria sobre algumas traducções, p. 31.

capítulos, um sumário; e, ao final de um versículo, as indicações dos versículos paralelos. As introduções, sumário e a maior parte das indicações de paralelos foram tomadas da Bíblia Holandesa. Há ainda algumas notas de pé de página do próprio Almeida e outras dos missionários dinamarqueses.[38]

Em 1760, saía a primeira edição do Novo Testamento feita em Trangambar: *Primeira parte do Novo Testamento de Nosso Senhor, e Salvador Jesu Christo, que contem os quatro Evangelistos, convem a saber : S. Matheus, S. Marcos, S. Lucas, S. João. Traduzidos em Lingua Portugueza pelo Reverendo Padre João Ferreira A. de Almeida, Ministro Pregador do Santo Evangelho na Cidade de Batavia. Revistos, e conferidos com o Texto Original pelos Padres Missionarios de Trangambar. Trangambar. Na Officina da Real Missão de Dinamarca. Anno de 1760.*[39]

A edição é composta de dois volumes. Não traz um prólogo ao início, começando diretamente com o evangelho segundo Mateus. Os sumários ao início de cada capítulo são bem mais breves que aqueles das outras edições feitas em Trangambar. As despesas dessa edição foram custeadas pela coleta realizada pela Sociedade de Propagação da Fé da Cidade de Londres em benefício da Missão de Dinamarca.[40] A. R. dos Santos afirma que possivelmente houve uma edição dos demais livros do Novo Testamento feita em Trangambar, mas ele nunca a encontrou.[41]

Foram essas as edições da tradução de Almeida feitas em Trangambar. Enquanto isso, em Batávia, começava-se a preparar mais uma edição do Novo Testamento, que apareceria em 1773: *O Novo Testamento; isto he: todos os Sacrosanctos Livros e Escritos Evangelicos e Apostolicos do Novo concerto de nosso Fiel Senhor e Redemptor Jesu Christo. Traduzido em Portuguez pelo Reverendo Padre João*

---

[38] A. R. dos Santos, Memoria sobre algumas traducções, p. 32.
[39] A. R. dos Santos, Memoria sobre algumas traducções, p. 54.
[40] A. R. dos Santos, Memoria sobre algumas traducções, p. 54-55.
[41] A. R. dos Santos, Memoria sobre algumas traducções, p. 54-55.

Ferreira A. d'Almeida, Ministro Pregador do Sancto Evangelho nesta Cidade. Em Batavia. Por Egbert Heemen Impressor da Illustre Companhia. Anno de MDCCLXXIII. Essa edição foi feita por ordem de Pedro Alberto van der Parra, governador da Índia Bélgica Oriental, que encarregou de preparar a edição Johan Maurits Mohr, ministro na Igreja Portuguesa de Batávia.[42]

A edição levou nove anos para ser publicada. Vários motivos retardaram a publicação, desde uma enfermidade pela qual passou Johan Maurits, à falta de tipógrafos. No início, há um prólogo, assinado por Johan Maurits Mohr, em português e em holandês, datado de 21 de dezembro de 1773, no qual ele expõe as razões pelas quais se fez essa nova edição: porque já não havia mais exemplares do Novo Testamento para distribuir de graça aos membros da numerosa Igreja Portuguesa e para emendar e corrigir os muitos erros das edições anteriores.[43]

Em vista desses objetivos, fez-se uma nova confrontação da tradução com o texto grego e ainda com a versão holandesa de 1618 e de 1619, com a tradução espanhola de Cypriano de Valera, de 1602, e ainda, pela primeira vez, com a tradução alemã de Lutero. Em termos de revisão literária, foram corrigidas várias palavras, pontuação e acentos, e, principalmente, restituíram-se os verbos à sua ordem natural na sintaxe portuguesa. Algumas palavras que se encontravam na margem nas edições anteriores foram trazidas para o texto por serem consideradas mais expressivas que aquelas que estavam no texto, o que fez com que essa edição se tornasse diferente das antecedentes em todas essas passagens. Aliás, essa edição já não trouxe mais anotações marginais, nem os sumários ao início de cada capítulo. Na tipografia, como não havia outros,

---

[42] A. R. dos Santos, Memoria sobre algumas traducções, p. 55. Há um exemplar dessa edição na Biblioteca Nacional. A edição também pode ser visualizada em Google books.
[43] A. R. dos Santos, Memoria sobre algumas traducções, p. 55-56.

foram usados os mesmos caracteres da edição do Antigo Testamento de 1748.[44]

De acordo com A. R. dos Santos, a tradução de Almeida é profundamente cristã e mesmo católica, a menos que se esforce por encontrar nela alguma sutil influência calvinista.[45] No prefácio da segunda edição de sua tradução do Novo Testamento, Antonio Pereira de Figueiredo afirma não ter encontrado nada que fosse algum "resabio do Calvinismo"; apenas a caracteriza como de um extremo servilismo e cheia de palavras antiquadas.[46] Também J. Falcão, em seu verbete à *Enciclopédia Luso-Brasileira de Cultura*, faz um balanço positivo da versão de Almeida e, do ponto de vista católico, o único a lamentar seria a omissão dos livros deuterocanônicos do Antigo Testamento.[47]

A qualidade da tradução de Almeida é sempre reconhecida e, por vezes, criticada. Veja-se, por exemplo, a avaliação feita por A. R. dos Santos, que punha em destaque a riqueza da língua utilizada por Almeida e o tesouro de termos que trazia para o português. Por outro lado, considerava sua gramática defeituosa por empregar frases e construções que não são do gosto do idioma português, por seguir demasiadamente seu texto original e por usar locuções e idiotismos próprios do país onde vivia. No início do século XIX, quando A. R. dos Santos escreveu sobre a obra de Almeida, já havia a acusação de que a tradução servia-se de arcaísmos. Para A. R. dos Santos, no entanto, esses termos são próprios do português clássico, encontrados em outros autores portugueses.[48]

---

[44] A. R. dos Santos, Memoria sobre algumas traducções, p. 56.
[45] A. R. dos Santos, Memoria sobre algumas traducções, p. 46.
[46] *O Novo Testamento de Jesu Christo*, p. XXXII.
[47] J. Falcão, Almeida (João Ferreira de), c. 1380.
[48] A. R. dos Santos, Memoria sobre algumas traducções, p. 46-47. Na lista de exemplos de termos *arcaicos* ou do português *clássico* que Almeida teria usado está o verbo *enxergar*.

A tradução de Almeida conheceu uma ampla divulgação graças às Sociedades Bíblicas e é praticamente impossível enumerar quantas edições já foram feitas de seu texto, total ou parcial. Também é praticamente impossível determinar todos os trabalhos de revisão pelos quais seu texto passou, por quem foram feitos, segundo quais objetivos e em qual profundidade.

Em 1804, era fundada, na Inglaterra, a Sociedade Bíblica Britânica e Estrangeira. Em 1809, ela fez sua primeira publicação do Novo Testamento em português, segundo a tradução de Almeida, versão de 1773. Em 1811, veio a segunda edição. Parte dos exemplares dessas edições foi enviada ao Brasil.[49]

A primeira edição completa da tradução de Almeida em um só volume contendo o Antigo e o Novo Testamento foi feita em Londres, em 1819. Ela foi publicada por R. e A. Taylor.[50] A versão usada nessa edição foi a de 1773. Os exemplares eram destinados a Portugal e suas colônias, inclusive o Brasil.[51]

Em 1839, era a vez da Sociedade Bíblica Americana publicar sua primeira edição do Novo Testamento em português, também na tradução de Almeida, na versão de 1773. Em 1847, a mesma Sociedade Bíblica Americana promovia uma revisão da tradução de Almeida que foi publicada com o nome de Bíblia Revista e Emendada. Essa revisão teria sido destinada aos membros da Marinha mercante portuguesa.[52]

Além das edições já mencionadas, outras podem ainda ser enumeradas. A primeira delas é a de 1848, feita em Nova York: *A Bíblia Sagrada contendo o Velho e o Novo Testamento, traduzida em portuguez pelo padre João Ferreira A. D'Almeida, ministro pregador do sancto evangelho em Batavia*. New York: Sociedade Americana

---

[49] L. A. Giraldi, *História da Bíblia no Brasil*, p. 33.
[50] J. Pereira, Portugaises (versions) de la Bible, c. 564.
[51] L. A. Giraldi, *História da Bíblia no Brasil*, p. 33.
[52] L. A. Giraldi, *História da Bíblia no Brasil*, p. 37.

da Bíblia, 1848. Um exemplar dessa edição, pertencente à Universidade de Michigan, pode ser consultado em www.archive.org.[53]

J. Pereira, citando Da Silva, menciona outra edição da tradução de Almeida feita em Nova York, em 1850.[54] Em 1869, a Sociedade Bíblica Britânica e Estrangeira fazia uma edição do Novo Testamento utilizando a tradução de Almeida, segundo a versão *Revista e Reformada*.[55] Essa versão provém de um trabalho de revisão da tradução de Almeida e está na origem das atuais recensões Revista e Corrigida e Corrigida Fiel.

Em seguida, pode-se citar uma edição de 1877, da qual há um exemplar na Biblioteca Nacional: *Bíblia sagrada, contendo o Velho e o Novo Testamento. Traduzido em portuguez pelo padre João Ferreira d'Almeida. Revista e correcta*. Lisboa: [s.n.]. 1877. Esse exemplar foi oferecido pela Sociedade Bíblica Britânica ao Imperador Pedro II.[56]

Em 1879, a Sociedade Bíblica Americana publicava, pela primeira vez no Brasil, o Novo Testamento. O texto publicado foi o de uma revisão da tradução de Almeida.[57] A edição foi feita no Rio de Janeiro e trazia como título: *O Novo Testamento de Nosso Senhor e Redemptor Jesus Christo, traduzido do original grego. Primeira edição brazileira*.[58]

J. Pereira menciona uma edição completa da Bíblia na tradução de Almeida de 1883, publicada em Nova York, pela Sociedade Bíblica Americana, na qual está escrito que o Novo Testamento é *Reimpresso da edição de 1693, revista e emendada*.

A partir de 1894, começa a surgir a versão Revista e Corrigida, que viria a ser uma das mais importantes recensões da tradução de Almeida, até agora utilizada. Nesse ano, líderes religiosos re-

---

[53] *A Bíblia Sagrada* (1848).
[54] J. Pereira, Portugaises (versions) de la Bible, c. 564. Trata-se, muito provavelmente, de Inocêncio Francisco da Silva e seu *Diccionario Bibliographico Portuguez*.
[55] L. A. Giraldi, *História da Bíblia no Brasil*, p. 41.
[56] *Bíblias do mundo*, p. 15-16.
[57] L. A. Giraldi, *História da Bíblia no Brasil*, p. 40.
[58] J. Pereira, Portugaises (versions) de la Bible, c. 568.

unidos no Rio de Janeiro solicitaram que se fizesse uma revisão da tradução de Almeida. As sociedades bíblicas Britânica e Estrangeira e Americana acolheram a solicitação e patrocinaram a revisão, que foi empreendida de 1894 a 1898. Em 1898, era publicada em Londres, pela Sociedade Bíblica Britânica e Estrangeira, a primeira edição da Bíblia Almeida Revista e Corrigida. Em 1900, uma nova edição, feita também em Londres, acrescentava à edição anterior títulos para os parágrafos, referências, texto alternativo nas margens e mapas.[59]

Conta-se ainda uma edição de 1897, feita em Lisboa, a primeira a ser impressa em Portugal, que trazia o seguinte subtítulo: "Edição revista e correta, com referências e na margem algumas palavras segundo o hebraico e o grego".[60]

Em 1862, o arcebispo da Bahia, dom Manoel Joaquim da Silveira, escrevia uma carta pastoral para prevenir os fiéis de sua diocese contra adulterações e mutilações da Bíblia traduzida em português pelo Padre J. F. A. de Almeida.[61] Na época, as igrejas protestantes tinham começado a difundir exemplares da Bíblia na tradução de Almeida pelo Brasil. As "adulterações e mutilações" mencionadas pelo Arcebispo encontram-se tanto em uma edição da tradução de Almeida feita em Nova York, em 1882, quanto em uma edição de Lisboa, de 1897.[62]

Atualmente, diversas recensões da tradução de Almeida estão em circulação no Brasil. Elas são apresentadas a seguir.

2.1.1. Bíblia Sagrada, Almeida Revista e Corrigida

Essa recensão segue a tradução de João Ferreira de Almeida na sua forma antiga, baseada nos manuscritos disponíveis à época em que a tradução surgiu: o final do século XVII, o que, para

---

[59] L. A. Giraldi, *História da Bíblia no Brasil*, p. 50.
[60] J. E. M. Terra, *A Bíblia e a evangelização do Brasil*, p. 21.
[61] A Biblioteca Nacional possui um exemplar dessa carta em microfilme.
[62] J. Pereira, Portugaises (versions) de la Bible, c. 564.

o Novo Testamento, significa praticamente o *Textus Receptus*. Ela nasceu de uma revisão do trabalho de Almeida, feita em Portugal, no final do século XIX.

Há uma edição dessa recensão publicada no Brasil em 1954: *Bíblia Sagrada contendo o Velho e o Novo Testamento, traduzida em português por João Ferreira de Almeida, com referências e algumas variantes. Edição revista e corrigida na grafia simplificada* (Rio de Janeiro: Imprensa Bíblica Brasileira, 1954).

A Sociedade Bíblica do Brasil mantém a publicação dessa recensão em duas versões: a de 1898 e a de 1995.[63] Seu texto pode ser consultado pela internet, no sítio da Sociedade Bíblica do Brasil: www.sbb.org.br.

2.1.2. Bíblia Sagrada, Almeida Revista e Atualizada

Essa recensão traz a tradução de João Ferreira de Almeida atualizada em função dos manuscritos descobertos nos últimos séculos. É publicada pela Sociedade Bíblica do Brasil. A recensão é o resultado de uma revisão do trabalho de Almeida, feita no Brasil. Ela teve início em 1943, quando as então Sociedades Bíblicas Unidas criaram uma comissão com cerca de trinta membros de várias confissões. O trabalho começou em 1946 e durou treze anos. Em 1959, aparecia a primeira edição da versão *revista e atualizada*. Seu objetivo era atualizar a linguagem, sem deixar desaparecer as características do antigo texto de Almeida.[64]

Para manter um trabalho contínuo de revisão dessa recensão, a Sociedade Bíblica do Brasil criou uma Comissão Permanente de Revisão e Consulta, constituída de dez membros. Com o passar do tempo, porém, surgiu a necessidade de uma revisão mais profunda, que deu origem à segunda edição da recensão revista e

---

[63] L. A. Giraldi, *História da Bíblia no Brasil*, p. 24.
[64] *A Bíblia Sagrada* (1969), p. 5.

atualizada. De acordo com a apresentação da edição, o princípio que teria norteado esse trabalho de revisão foi o seguinte:

> Onde se fazia mister, o passo era posto em linguagem de acordo com o mais escolhido uso corrente, mas que tanto se evitasse o demasiado vulgar como o demasiado acadêmico e literário. Timbrou-se em manter assim uma faixa lingüística viva, acessível, clara e nobre como convém à Palavra de Deus.[65]

A nova edição deu ocasião para que alguns apêndices fossem inseridos na publicação: uma cronologia bíblica, um pequeno atlas bíblico seguido de um índice dos nomes geográficos, tabelas de pesos, moedas e medidas, e um plano anual de leitura da Bíblia. O trabalho de revisão consistiu em uma acurada verificação da pontuação. Também foram corrigidas algumas falhas da edição anterior, substituídas algumas palavras e expressões, consertados alguns erros de concordância. Poucos foram os casos de mudança de tradução, e mais numerosos os casos de correção nas referências bíblicas. Essa edição apareceu em 1993, quando a Comissão Permanente de Revisão e Consulta tinha passado a se chamar Comissão de Tradução, Revisão e Consulta. Em 2009, a edição passou por mais uma revisão para a adequação de seu texto à mais nova reforma ortográfica da língua portuguesa.[66]

Uma característica marcante dessa recensão é a colocação entre colchetes de algumas passagens do Novo Testamento. São passagens que não aparecem nas edições mais atuais do texto grego, baseada em manuscritos mais antigos, mas que apareciam na edição do Novo Testamento utilizada por Almeida quando de sua tradução.

---

[65] *A Bíblia Sagrada*, (1993), p. V.
[66] *A Bíblia Sagrada* (1993), apresentação, p. V-VI; *Bíblia Sagrada* (2009), apresentação, p. IV.

O texto dessa recensão pode ser encontrado na internet, no sítio da Sociedade Bíblica do Brasil: www.sbb.org.br.

2.1.3. Bíblia Vida Nova, Bíblia Shedd

Trata-se de outra edição da tradução de João Ferreira de Almeida, edição revista e atualizada. Seu diferencial é que a edição vem com abundantes notas e referências de textos paralelos, elaboradas por Russel Philip Shedd, fundador das Edições Vida Nova, membro da Missão Batista Conservadora no Sul do Brasil. A primeira edição surgiu em 1976, com o nome de *Bíblia Vida Nova*, pelas Edições Vida Nova.[67] Atualmente, a mesma editora publica essa edição com o nome de *Bíblia Shedd*.

2.1.4. Bíblia Sagrada, Almeida Século XXI

Trata-se de uma recensão cuja origem foi uma revisão e atualização da versão *Bíblia revisada de acordo com os melhores textos no hebraico e no grego*, publicada no final da década de 1960, pela Imprensa Bíblica Brasileira.[68] Para a realização desse projeto foi feita uma parceria entre quatro editoras: Imprensa Bíblica Brasileira/JUERP, Edições Vida Nova, Editora Hagnos e Editora Atos, sob a coordenação das Edições Vida Nova. O projeto começou a ser desenvolvido em 2002 e, em 2008, apareceu a primeira edição. Nesses seis anos, acabou sendo desenvolvido um trabalho de revisão mais profundo do que se previa inicialmente, a ponto de ter sido chamado de retradução.[69] A equipe de tradutores revisores foi formada por biblistas de confissão batista, presbiteriana, luterana, menonita, anglicana e assembleiana.[70]

---

[67] J. E. M. Terra, *A Bíblia e a evangelização do Brasil*, p. 29.
[68] *A Bíblia Sagrada* (1967). Cf. *A Bíblia Sagrada, Velho Testamento e Novo Testamento, versão revisada da tradução de João Ferreira de Almeida de acordo com os Melhores Textos em Hebraico e Grego*. 3ª impressão. Rio de Janeiro: Imprensa Bíblica Brasileira, 1988.
[69] *Bíblia Sagrada Almeida século 21* (2008), p. IV e IX.
[70] *Bíblia Sagrada Almeida século 21* (2008), p. XIX.

39

Essa recensão também se pretende enraizada na tradução de João Ferreira de Almeida, atualizando, porém, sua linguagem. Isso, contudo, sem sair de certa formalidade, própria da linguagem bíblica, que emprega, por exemplo, a segunda pessoa, tanto do singular como do plural, como forma de tratamento. A atualização teria sido, pois, no âmbito do vocabulário, trocando palavras que teriam caído em desuso. A disposição do texto segue a forma tradicional de começar uma nova linha para cada versículo.[71]

As edições do texto bíblico nas línguas originais utilizadas no trabalho de revisão foram, no entanto, as edições mais usadas atualmente, a *Biblia Hebraica Stuttgartensia*, quinta edição, de 1977, e o *Novum Testamentum Graece*, vigésima sétima edição, de 1998,[72] bem diferentes das edições usadas por João Ferreira de Almeida no passado.

A edição conta com diversos recursos. Cada escrito bíblico é precedido de uma introdução que trata da autoria, data e ocasião da composição desse escrito, e seu conteúdo.[73] Há breves notas de rodapé que podem ser de quatro tipos: exegéticas, críticas, técnicas ou linguísticas:

> São notas que se ocupam com: rápidas explicações indispensáveis para a compreensão do texto (exegéticas); informações ao leitor sobre a possibilidade de outras leituras do texto nos manuscritos originais (críticas); a apresentação de leituras literais do texto, quando houve a necessidade de ajustar uma leitura do texto original para o português (técnica); ou ainda a explicação das possibilidades de entendimento do texto a partir de aspectos relacionados às línguas originais (linguísticas).[74]

---

[71] *Bíblia Sagrada Almeida século 21* (2008), p. VII.
[72] *Bíblia Sagrada Almeida século 21* (2008), p. X.
[73] *Bíblia Sagrada Almeida século 21* (2008), p. VII.
[74] *Bíblia Sagrada Almeida século 21* (2008), p. XVII.

Para o nome de Deus, o tetragrama divino da Bíblia Hebraica, a Bíblia Almeida Século XXI usa a forma Senhor, com as letras em *versalete*, para distinguir de um possível uso do termo Senhor, em letras comuns, apenas com a inicial maiúscula.[75]

Trabalharam nessa edição na revisão de estilo: Abraão de Almeida, Aldo Menezes, Edna Batista Guimarães, João Guimarães, Lucília Marques Pereira da Silva, Márcio Loureiro Redondo, Marisa K. A. de Siqueira Lopes e Tiago de Lima. A revisão final de estilo ficou a cargo de Robinson Malkomes. A revisão exegética do Antigo Testamento foi feita por Valdemar Kroker e William Lane; a revisão exegética do Novo Testamento ficou com Estevan F. Kirschner. Daniel de Oliveira trabalhou como assistente de revisão exegética. A revisão geral foi de Pedro Moura e a coordenação geral de Luiz Alberto Teixeira Sayão.[76]

O texto dessa recensão pode ser encontrado na internet, no sítio das Edições Vida Nova: www.vidanova.com.br.

2.1.5. Bíblia Sagrada, Almeida Corrigida Fiel

É a edição publicada pela Sociedade Bíblica Trinitariana do Brasil. Seu subtítulo é *Edição corrigida e revisada fiel ao texto original*, de onde a maneira como é conhecida: Almeida Corrigida Fiel. O "texto original" ao qual se refere é a tradução de João Ferreira de Almeida.[77]

Essa recensão tem sua origem em uma revisão da tradução de Almeida iniciada em 1837, promovida pela Trinitarian Bible Society (Sociedade Bíblica Trinitariana), sendo o reverendo Thomas Boy, do Trinity College, Cambridge, o responsável pelo projeto. A revisão do Novo Testamento foi concluída em 1839 e a do Antigo Testamento em 1844. Em 1847, era pulicado, em Londres, o últi-

---

[75] *Bíblia Sagrada Almeida século 21* (2008), p. XIV.
[76] *Bíblia Sagrada Almeida século 21* (2008), p. XIX.
[77] *A Bíblia Sagrada* (2007).

mo volume dessa revisão, então chamada de Revista e Reformada. Posteriores revisões desse texto também estão na origem da recensão Revista e Corrigida.[78]

Em 1968, foi fundada, em São Paulo, a Sociedade Bíblica Trinitariana do Brasil. Seu objetivo era revisar a tradução da Bíblia de João Ferreira de Almeida, com as devidas correções ortográficas e, assim, publicá-la. Essa revisão também visava eliminar "qualquer influência do Texto Crítico do Novo Testamento que fora introduzida indevidamente ao (sic.) trabalho de Almeida".[79]

O trabalho de revisão se pretende de tal modo fiel ao texto que está sendo traduzido que os editores criaram uma estratégia de apresentar em itálico as palavras que não aparecem no hebraico, aramaico ou grego, mas que são subentendidas no contexto do versículo.[80]

O texto dessa recensão pode ser encontrado na internet, no sítio da Sociedade Trinitariana do Brasil: www.biblias.com.br.

2.1.6. Bíblia de Estudo Scofield

Essa edição também traz o texto da tradução de João Ferreira de Almeida, na recensão Corrigida Fiel, acrescentada de comentários de Cyrus Ingerson Scofield. De acordo com J. E. M. Terra, os comentários de Scofield foram publicados pela primeira vez no Brasil pela Imprensa Batista Regular, em São Paulo, 1983, acompanhando a tradução de Almeida na versão revista e atualizada.[81] Atualmente, essa edição é publicada pela Editora Bom Pastor.

A *Bíblia de Scofield* foi publicada originalmente em inglês, em 1909, tendo sido reeditada em 1917 e, novamente, em 1967, em uma versão revisada. A edição brasileira de 1983 segue as notas e comentários da edição revista de 1967. Esses comentários e notas

---

[78] *Bíblia Sagrada* (2007), p. 4.
[79] *Bíblia Sagrada* (2007), p. 4-6.
[80] *Bíblia Sagrada* (2007), p. 7.
[81] J. E. M. Terra, *A Bíblia e a evangelização do Brasil*, p. 29.

seguem uma linha teológica muito própria, baseada na doutrina dispensacionalista.[82]

2.2. Outras traduções da Bíblia ao português do século XVIII feitas no Oriente

Além da tradução de Almeida, o século XVIII conheceu algumas outras traduções parciais da Bíblia ao português, feitas no Oriente. A principal fonte para o conhecimento dessas traduções são as notícias recolhidas a respeito delas por Antonio Ribeiro dos Santos (1745-1818), em sua *Memoria de algumas traducções e edições bíblicas*.

A primeira a ser citada é uma tradução do Pentateuco, feita por Bartholomeu Ziengembal ou Zugenbalg, e por Grundler, e publicada em 1719, pela Missão Dinamarquesa de Trangambar, Índia, com o seguinte título: *Dos cinco Livros de Moyses chamados I.° Genesis. 2.° Exodo. 3.° Levitico. 4.° Numeros. 5.° Deuteronomio. Pelos Padres Missionarios Dominicanos da Real Missão de Dinamarca. Trangambar. Em a Estampa da Real Missão de Dinamarca. Anno de 1719*. De acordo com A. R. dos Santos, a tradução é bastante literal, mas rude, feita por pessoas que não tinham o português como sua própria língua. Não poucas vezes, o sentido do texto se torna obscuro e a leitura menos agradável.[83]

Para os Salmos, houve duas edições feitas em Trangambar. Uma em 1719, publicada juntamente com o Pentateuco, mencionado acima, e outra publicada em 1721. Esta última tradução foi realizada pelo missionário Benjamim Schultze.[84]

---

[82] Sobre essa edição da Bíblia e as características da doutrina dispensacionalista pode-se ver um artigo de Valdeci S. Santos, As anotações da *Bíblia de Scofield* sob uma ótica reformada. O autor apresenta essa doutrina sob uma perspectiva crítica bastante severa.
[83] A. R. dos Santos, Memoria sobre algumas traducções, p. 29-31.
[84] A. R. dos Santos, Memoria sobre algumas traducções, p. 38.

Em 1732, houve uma edição dos Profetas Menores, em tradução feita pelos missionários da Missão Dinamarquesa de Trangambar: *O Doze Profetas Menores, convem a saber: Hoseas, Jonas, Amos, Obadias, Jonas, Micheas, Nahum, Habacuc, Sofonias, Haggeo, Zacharias, Malachias. Com toda a diligencia traduzidos na Lingua Portugueza pelos Padres Missionarios de Trangambar. Trangambar. Na Officina da Real Missão de Dinamarca. Anno de 1732.* A edição foi custeada por Vau Cloon, Governador Geral da Índia Holandesa.[85]

A edição traz um prólogo, uma introdução no início de cada livro e um sumário no início de cada capítulo. No final, há uma cronologia dos profetas. De acordo com A. R. dos Santos, a tradução é muito próxima ao texto hebraico, mas permite ver que foi feita por pessoas cuja língua materna não era o português, ou como ele mesmo se expressa: "Quanto á Linguagem não he ella correcta, e apurada, mostrando a cada passo ser obra de homens, que não a tinhão bebido com o primeiro leite, e doutrina."[86]

2.3. A tradução de Antonio Pereira de Figueiredo

Foi a edição da Bíblia mais difundida entre os católicos de língua portuguesa durante o século XIX, até meados do século XX. O aparecimento dessa tradução somente foi possível graças a uma nova orientação adotada pelo magistério católico em relação à leitura da Bíblia em língua vernácula. Trata-se de uma modificação, introduzida, no espírito do Concílio de Trento, pelo papa Bento XIV, em 1757, na bula de Pio IV, de 1564, permitindo a publicação de traduções da Bíblia em línguas vernáculas, desde que fossem acompanhadas de notas e esclarecimentos tomados dos escritores patrísticos e de reconhecidos teólogos e aprovadas pelas autoridades eclesiásticas.[87]

---

[85] A. R. dos Santos, Memoria sobre algumas traducções, p. 42-43. Na transcrição do título da edição aparece duas vezes o nome do profeta Jonas e falta o nome do profeta Joel.

[86] A. R. dos Santos, Memoria sobre algumas traducções, p. 43.

[87] S. Voigt, Versões em português, p. 188.

O autor dessa tradução, Antonio Pereira de Figueiredo,[88] nasceu em Macau, em 14 de fevereiro de 1725 e morreu em Lisboa, em 14 de agosto de 1797. Foi teólogo, latinista, historiador, organista e compositor. Fez seus estudos no Colégio Ducal de Vila Viçosa e em Santa Cruz de Coimbra. Em 1744, veio para Lisboa e entrou para a Congregação do Oratório (de São Filipe Néri). Devido a uma enfermidade, esteve em Viseu e no Porto. Em 1759, regressou a Lisboa e passou a ensinar teologia, latim e retórica, na Casa das Necessidades, de sua congregação religiosa.[89]

Em 1761, as relações entre Portugal e a Santa Sé estavam cortadas. Figueiredo tomou posição a favor da Corte Portuguesa, contra a Cúria Romana. Como gozava da confiança do Marquês de Pombal, foi eleito, em 1768, deputado na Real Mesa Censória. No ano seguinte, deixou o hábito religioso e passou a exercer as funções de oficial maior de línguas na Secretaria dos Negócios Estrangeiros e da Guerra. Nos últimos anos de sua vida, já enfermo, se recolheu, como hóspede, na Casa das Necessidades, onde veio a falecer.[90]

Figueiredo escreveu um método para o ensino do latim: *Novo Methodo de grammatica latina*.[91] Sua maior obra, no entanto, foi sua tradução da Bíblia, da Vulgata latina ao português. Conhecendo muito bem essas duas línguas, sua tradução tornou-se um clássico da língua portuguesa, do mesmo modo que a tradução de João Ferreira de Almeida. A tradução de Figueiredo foi incluída, pela Academia Real de Ciências de Lisboa, entre as obras a serem consultadas na elaboração de seu dicionário de língua portuguesa.[92]

---

[88] Na pesquisa, encontrei as grafias *António*, *Antônio* e *Antonio*. Nesta apresentação, optei por unificar a grafia na forma *Antonio*.
[89] J. Falcão, Figueiredo (António Pereira), c. 785.
[90] J. Falcão, Figueiredo (António Pereira), c. 785.
[91] J. Falcão, Figueiredo (António Pereira), c. 786.
[92] J. Pereira, Portugaises (versions) de la Bible, c. 566-567.

A tradução do Novo Testamento de Figueiredo estava pronta em 1772, mas foi publicada, em primeira edição, em 1778.[93] Em 1781, apenas três anos depois da primeira edição, surgia a segunda edição com correções no texto e notas aumentadas. A Biblioteca Nacional possui um exemplar dessa edição: *O Novo Testamento de Jesu Christo, traduzido em portuguez segundo a Vulgata, com varias annotações historicas, dogmaticas, e moraes, e apontadas as differenças mais notaveis do original grego. Por Antonio Pereira de Figueiredo, deputado ordinario da Real Meza Censoria. Segunda impressão mais correcta no Texto, e acrescentada nas Notas.* Lisboa, Regia Officina Typogr., 1778-1781, seis volumes.[94]

No prefácio dessa edição, Figueiredo enumera as versões que consultou para fazer sua própria versão. Todas elas são versões para o francês: do século XVII, a versão do Novo Testamento do padre Amelote, da Congregação do Oratório, e a versão dos teólogos de Porto Real, impressa em Mons; do século XVIII, a versão do Novo Testamento de monsenhor Huré e a do monsenhor de Messengui, e a versão da Bíblia, traduzida dos textos nas línguas originais, de monsenhor Le Gros, cônego de Reims. Figueiredo ainda cita os comentários que consultou: a toda a Escritura do monsenhor De Saci, os de Agostinho Calmet aos evangelhos, e os de Guilherme Estio, às epístolas de Paulo e dos demais Apóstolos.[95]

Nesse mesmo prefácio, Figueiredo também trata do método e das regras de interpretação que seguiu para fazer sua tradução. A primeira regra por ele citada é "o bom tradutor não se deve ligar servilmente ás palavras do Original; mas attender mais ao sentido, do que ás palavras".[96] Essa regra, provém de Horácio (*Nec verbum verbo curabis reddere fidus Interpres*), sendo citada por Jerônimo em seu tratado *Do melhor modo de traduzir*, dirigido a Pamáquio.[97]

---

[93] J. Pereira, Portugaises (versions) de la Bible, c. 565.
[94] Dos seis volumes, falta o volume 4. O estado de conservação da obra é precário e quase impossível seu manuseio.
[95] A. P. de Figueiredo, Prefação aos leitores, p. XLIV-XLVI.
[96] A. P. de Figueiredo, Prefação aos leitores, p. XXXIV.
[97] A. P. de Figueiredo, Prefação aos leitores, p. XXXIV-XXXV.

Seguindo essa regra, Figueiredo afirma que "póde hum bom Interprete omittir na sua Versão toda a palavra do Original, que não for de consequencia".[98] Como exemplo de tais palavras, cita as partículas (chamadas pelos gramáticos de expletivas). Uma tradução ao português que as levasse sempre em conta soaria desagradável e fastidiosa. Assim também o pleonasmo hebraico, em frases como "Ele disse dizendo", "Ele respondeu dizendo", que se encontra tanto no Antigo quanto no Novo Testamento.[99]

Pela mesma razão o tradutor pode e, algumas vezes, deve substituir uma frase de seu original por outra que seja própria da língua para a qual está traduzindo, "sob pena de que, se assim não o fizer, ficará a Versão talvez escura, talvez indecente; e ficará a palavra de Deus exposta não poucas vezes ao riso, e ludibrio dos que a lem".[100]

Se algumas vezes deve suprimir e outras modificar alguns termos, também ocorre que em outros casos ainda precise acrescentar alguma palavra em sua tradução. Figueiredo refere-se ao costume de alguns de colocar essas palavras acrescentadas entre parênteses ou em itálico, ou ambos, o qual ele julga desnecessário porque essas palavras ou são (1) palavras sem as quais o texto ficaria pouco ou nada inteligível; (2) certas partículas que ajudam a atar o discurso ou a distinguir uma narração de outra: unir o que se deve entender unido, e separar o que se deve entender separado, (3) ou ainda caem no caso das adições parafrásticas.[101]

O Antigo Testamento na tradução de Figueiredo foi publicado aos poucos. Em 1782, eram publicados os Salmos, em dois volumes: *Livro dos Salmos ou Salterio. Traduzido em portuguez segundo a Vulgata, illustrado de amplos prolegomenos, notas frequentes, e lições variantes por Antonio Pereira de Figueiredo, deputado ordinario*

---

[98] A. P. de Figueiredo, Prefação aos leitores, p. XXXV.
[99] A. P. de Figueiredo, Prefação aos leitores, p. XXXV.
[100] A. P. de Figueiredo, Prefação aos leitores, p. XXXVI.
[101] A. P. de Figueiredo, Prefação aos leitores, p. XLVIII-LIII.

da Real Meza Censoria. Lisboa, Regia Offic. Typograf., M. DCC. LXXXII. O tomo I traz os prolegômenos e os salmos de 1 a 67; o tomo II traz os salmos 68 a 150. A Biblioteca Nacional possui um exemplar dessa edição (os dois tomos).

De 1782 a 1790, houve uma edição de todo o Antigo Testamento. A maioria dos dezessete volumes da edição foi publicada pela Regia Officina Typografica, mas alguns saíram pelas tipografias de Antonio Gomes e de Simão Thaddeo Ferreira.[102]

Em 1791, começava a ser publicada a segunda edição de toda a Bíblia: *Biblia Sagrada, traduzida em portuguez segundo a Vulgata latina, illustrada com prefações, notas e lições variantes. Segunda edição revista e retocada pelo auctor.* Os dezessete volumes do Antigo Testamento foram publicados pela Imprensa Real de Lisboa, de 1791 a 1803. Os seis volumes do Novo Testamento foram impressos por Simão Thaddeo Ferreira, de 1803 a 1805.[103]

A terceira edição começou a ser publicada em 1794. Ela apresentava o texto em duas colunas, uma em latim, outra em português. A tradução e as notas foram revistas pelo autor. A edição foi dedicada a dom João, príncipe do Brasil. No primeiro tomo, havia um *Prefacio geral à toda a Sagrada Escritura,* no qual se afirma que esta edição foi de tal modo corrigida e aumentada que pode ser considerada uma nova versão. Cada escrito bíblico vinha precedido de uma introdução na qual Figueiredo indicava as traduções em diversas línguas às quais ele se serviu para fazer sua tradução. A publicação foi concluída em 1819, num total de sete volumes, impressos em Lisboa, por Simão Thaddeo Ferreira.[104]

---

[102] Fundação biblioteca nacional, *Catálogo de obras raras.* A Biblioteca Nacional possui os seguintes volumes dessa obra: 2-8.10-15.17.
[103] J. Pereira, Portugaises (versions) de la Bible, c. 565.
[104] J. Pereira, Portugaises (versions) de la Bible, c. 565. A Biblioteca Nacional possui apenas o primeiro volume dessa edição. Fundação biblioteca nacional, *Catálogo de obras raras.*

Em 1852-1853, uma nova edição era publicada, em dois volumes, pela Bibliotheca Economica. Ela trazia este título: *A Biblia Sagrada contendo o Velho e o Novo Testamento. Traducção do Padre Antonio Pereira de Figueiredo. Enriquecida com varias notas pelo mesmo traductor (excepto aquellas que foram condemnadas em Roma) e por D. Felippe Seio de S. Miguel, Bispo de Segovia, Bossuet, etc. Ornado com gravuras. Lisboa. Typographia José Carlos de Aguiar Vianna, 1852*. Approvada pelo Cardeal Patriarcha de Lisboa em 9 de Janeiro de 1852. A edição, porém, foi criticada pelos erros tipográficos, pela supressão das indicações cronológicas, de uma parte dos prefácios e pela insuficiência das notas.[105]

Em 1854, começava a ser publicada uma nova edição, autorizada pelo patriarca de Lisboa com a condição de que ela reproduzisse a segunda edição de 1794, com seus prefácios e notas revisados por censores eclesiásticos. Um desses censores foi o padre Francisco Recreio, que escreveu as introduções ao Antigo e ao Novo Testamento. A edição foi concluída em 1857: o Antigo Testamento em dois volumes e o Novo Testamento em um volume.[106]

Os prefácios e notas escritos por Figueiredo são testemunho de seus vastos conhecimentos linguísticos, históricos e literários. Todavia, eles foram objeto de críticas e restrições de vários tipos. J. Pereira, por exemplo, afirma que, em suas notas, não se percebe "nem o espírito sacerdotal, nem a piedade cristã que animam os comentários das outras versões portuguesas".[107]

Por outro lado, e isso teve um peso muito maior, Figueiredo caiu na desconfiança por suas opções políticas favoráveis ao regalismo, ou seja, o direito dos reis de interferirem em questões religiosas. Figueiredo foi censurado pela Igreja Católica, sem nunca aceitar a condenação. Ele defendeu-se em vários escritos, um

---

[105] J. Pereira, Portugaises (versions) de la Bible, c. 565-566.
[106] J. Pereira, Portugaises (versions) de la Bible, c. 566.
[107] J. Pereira, Portugaises (versions) de la Bible, c. 567.

dos quais – *Análise da Profissão de Fé do Santo Padre Pio IV* – foi colocado no Index (26/01/1795).[108]

A Sociedade Bíblica Britânica e Estrangeira fez várias publicações da versão de Figueiredo, sem prefácios e sem notas. Essas edições apareceram em 1821, 1866 e em outras datas. A leitura dessas edições foi permitida aos católicos por um ato do Ministério do Reino, de 1842.[109] Na biblioteca do Pontifício Instituto Bíblico de Roma, há duas dessas edições: *A Bíblia Sagrada contendo o Velho e o Novo Testamento traduzida em portuguez segundo a Vulgata latina por Antonio Pereira de Figueiredo*. Ambas foram feitas em Londres, uma em 1864, por Spottiswoode e Cia; outra em 1865, por W. Clowes e filhos.

A primeira edição brasileira da Bíblia de Figueiredo é de 1864, editada pela Livraria O. B. L. Garnier, do Rio de Janeiro.[110] Esta edição não contém o texto em latim, mas apenas o texto em português. As notas de Figueiredo também foram reduzidas, tendo desaparecido completamente de vários escritos bíblicos. Outras notas, ao Novo Testamento e aos livros proféticos, elaboradas pelo cônego Delaunay, de Paris, foram inseridas no final da Bíblia, mas sem menção alguma do texto ao qual se referem.[111] Essa edição foi aprovada pelo então arcebispo da Bahia, dom Manoel Joaquim da Silveira, metropolita do Brasil.[112]

Em 1881, houve a segunda edição da Bíblia de Figueiredo feita no Brasil: *Bíblia Sagrada, traduzida segundo a Vulgata Latina, ilustrada com prefações, seguida de notas pelo Rev. Cônego Delaunay, d'um diccionario explicativo dos nomes hebraicos, chaldaicos, syria-*

---

[108] J. Pereira, Portugaises (versions) de la Bible, c. 567.
[109] J. Pereira, Portugaises (versions) de la Bible, c. 566.
[110] Segundo S. Voigt, a impressão dessa edição foi feita em Paris. S. Voigt, Versões em português, p. 188. Cf. também L. Garmus, Fidelidade ao texto original, p. 43.
[111] J. Pereira, Portugaises (versions) de la Bible, c. 566.
[112] A. de Palmas, *O católico perante a Bíblia*, p. 60.

cos e gregos e d'um dicionario geographico e historico. Rio de Janeiro, B. L. Garnier, 1881, 2ª edição.[113]

De 1902 a 1904, uma nova edição da versão de Figueiredo foi publicada em Lisboa, preparada pelo padre Manuel José dos Santos Farinha (1870-1923). Essa edição tinha por título: *Biblia Sagrada contendo o Velho e o Novo Testamento. Versão do Padre Antonio Pereira de Figueiredo. – Commentarios e annotações segundo os modernos trabalhos de Glaire, Knabenbauer, Lesêtre, Poels, Vigouroux, etc. – Pelo Rev. Santos Farinha. – Edição popular e illustrada, approvada pelo Emmo. Cardeal Patriarcha.* Nessa edição, os prefácios e notas de Figueiredo foram substituídos. Quanto ao texto, foram feitas algumas correções e modificações de arcaísmos. Somente o texto em português é publicado, sem o texto latino.[114] A publicação é da Sociedade Editora Empresa da História de Portugal.[115]

Na biblioteca do Pontifício Instituto Bíblico, há mais uma edição da tradução de Figueiredo, do início do século XX: *A Bíblia Sagrada contendo o Velho e o Novo Testamento traduzida em portuguez segundo a Vulgata latina pelo Padre Antonio Pereira de Figueiredo. Da edição aprovada em 1842 pela rainha d. Maria II com a consulta do Patriarcha Arcebispo eleito de Lisboa.* Lisboa: Depósito das Escrituras Sagradas, 1909.

Em 1932, teve início uma nova edição da tradução de Figueiredo, feita no Rio de Janeiro, publicada em fascículos: *Bíblia Sagrada. Contendo o Velho e o Novo Testamento, versão do padre Antônio Pereira de Figueiredo.* A edição foi feita pela Livraria Católica.[116]

Também houve edições da versão de Figueiredo feitas pela Sociedade Bíblica do Brasil, uma delas de 1955, em dois volumes, ilustrada com mapas.[117]

---

[113] J. E. M. Terra, *A Bíblia e a evangelização do Brasil*, p. 23.
[114] J. Pereira, Portugaises (versions) de la Bible, c. 567.
[115] A. de Palmas, *O católico perante a Bíblia*, p. 61.
[116] A. de Palmas, *O católico perante a Bíblia*, p. 61.
[117] J. E. M. Terra, *A Bíblia e a evangelização do Brasil*, p. 23.

Entre os anos de 1950 e 1960, houve duas edições da tradução da Bíblia de Figueiredo feitas no Brasil sob a supervisão do padre Antônio Charbel, publicada em 12 volumes, pela Editora das Américas, em São Paulo: *Bíblia Sagrada contendo o Velho e o Novo Testamento reedição da versão do padre Antônio Pereira de Figueiredo, comentários e anotações segundo os consagrados trabalhos de Graire, Knabenbauer, Lesêtre, Lestrade, Poels, Vigoroux, Bousset, etc. organizados pelo padre Santos Farinha, acrescida de dois volumes contendo introduções utilizadas e estudos modernos elaborados por professores de Exegese do Brasil sob a supervisão do padre Antônio Charbel, S.D.B., ilustrações de Gustavo Doré. Edição aprovada pelo eminentíssimo senhor d. Carlos Carmelo de Vasconcellos Motta, dd. Cardeal arcebispo de São Paulo.* Na segunda edição, que esteve aos cuidados de A. de Castro Pinto, a tradução dos Salmos de Figueiredo foi substituída pela versão do *Psalterium Pianum*, do padre Leonel Franca, SJ.[118]

Há ainda outra edição, de 1961: *A Bíblia Sagrada Velho e Novo Testamento traduzida em português segundo a Vulgata latina pelo Padre Antônio Pereira de Figueiredo. Edição comentada com notas de eminentes teólogos, iluminada com 324 gravuras e mais dez ilustrações a côres em papel couché, fora do texto.* Rio de Janeiro: Guabaru, 1961. Edição em vários volumes.

A Bíblia Sagrada na tradução de Figueiredo continua sendo editada. Veja-se, por exemplo, a seguinte edição: *Bíblia Sagrada: antigo e novo testamento. Traduzida em português segundo a Vulgata latina pelo padre Antonio Pereira de Figueiredo.* Campinas e São Paulo: Livros Irradiantes e Direção Cultural Editora, 1981. Essa edição traz, nas primeiras páginas, uma apresentação assinada pelo padre Euclides Faria, SJ.

---

[118] J. E. M. Terra, A Bíblia e a evangelização do Brasil, p. 23-24.

Segundo J. E. M. Terra, dentre as edições mais recentes da tradução de Figueiredo, a melhor é a da Editora Barsa, de 1972, "com notas e introduções ecumênicas".[119]

2.4. A História Evangélica e a História Bíblica de Francisco de Jesus Sarmento

No século XVIII, houve ainda outra tradução da Bíblia, contemporânea à tradução de Figueiredo, feita por Francisco de Jesus Maria Sarmento, padre que viveu de 1713 a 1790.[120] Também feita a partir da Vulgata latina, essa tradução se caracteriza por ser mais livre e por apresentar comentários inseridos no próprio texto. Teve uma acolhida mais restrita e menor difusão que a tradução de Figueiredo. O Novo Testamento foi publicado em Lisboa, em 1777 e 1778. O texto é precedido de uma concordância evangélica baseada em J. Buisson (Savreux, 1554).[121]

Há um exemplar dessa edição na Biblioteca Nacional, descrita no Catálogo de José A. T. de Melo: *Historia Evangelica em que se referem, segundo a ordem chronologica, e geographica, a vida e acções do Divino Salvador Jesus Christo, Senhor Nosso, que promiscuamente se encerrão no Sagrado Texto dos quatro Santos Evangelistas, donde forão traduzidas por Fr. Francisco de Jesus Maria Sarmento* (Lisboa, Regia Officina Typografica, 1777-1778, 5 vols.). A obra se divide em duas partes. A primeira, que ocupa o primeiro volume, é chamada pelo próprio autor de *Concordia Evangelica* e contém uma história harmonizada da vida de Jesus. A segunda, que ocupa os outros quatro tomos, contém o texto dos evangelhos em latim e traduzidos ao português.[122]

Posteriormente, foi publicado o Antigo Testamento, com o título de *História Bíblica*, em 44 volumes, em Lisboa, de 1778 a 1785.

---

[119] J. E. M. Terra, *A Bíblia e a evangelização do Brasil*, p. 24.
[120] J. E. M. Terra, *A Bíblia e a evangelização do Brasil*, p. 24.
[121] S. Voigt, Versões em português, p. 188-189.
[122] J. A. T. de Melo, *Catálogo por ordem chronologica das biblias*, p. 192-193.

Uma nova edição dessa tradução foi feita no Porto, de 1864 a 1867, sem o texto latino, com o seguinte título: *Historia Bíblica e Doutrina Moral da Religião Catholica, extrahida dos Livros Santos do Antigo Testamento com frequentes paraphrases e varias notas litterarias e reflexões moraes, para sua maior e mais proveitosa intelligencia.* O Novo Testamento também foi reeditado no Porto, de 1867 a 1869, com o título: *Historia Evangelica, apostolica e doutrinal, deduzida dos Livros Santos do Novo Testamento, com frequentes paraphrases introduzidas no Texto, sobre algumas Notas Litteraes em certos lugares mais difficeis, tudo extrahido dos Antigos Padres e Modernos Expositores para melhor e mais facil intelligencia da Sagrada Escritura.*[123]

2.5. Outras traduções da Bíblia do século XVIII

Além das traduções já mencionadas, J. Pereira menciona duas outras versões do Novo Testamento ao português, feitas no século XVIII, ambas parciais e que não conheceram uma edição impressa. Uma é a *Versão das Epistolas e Evangelhos, que se recitam em todo o anno, acompanhada de illustrações*, de autoria de Joaquim José da Costa Sá (-1803), e outra *O Evangelho de Jesus Christo segundo S. Matheus e S. Marcos, traduzido e illustrado em largos commentarios*, de Antonio Ribeiro dos Santos, doada pelo autor à Biblioteca de Lisboa.[124]

Por sua vez, o próprio Antonio Ribeiro dos Santos refere-se a uma tradução dos Salmos ao português, conhecida como "de Oxford", por provir dali a primeira notícia de sua existência. É possível que essa tradução tenha sido feita do inglês ao português. Ela foi publicada duas vezes, uma em Oxford, em fins do século XVII, e outra em Londres, em 1715, por Wiliam Bowijer.[125]

---

[123] J. E. M. Terra, *A Bíblia e a evangelização do Brasil*, p. 24.
[124] J. Pereira, Portugaises (versions) de la Bible, c. 567-568.
[125] A. R. dos Santos, Memoria sobre algumas traducções, p. 37-38. Santos menciona ainda outras traduções de conjuntos de salmos, de modo especial quando integrados em algum ofício particular.

CAPÍTULO 3

As primeiras traduções da Bíblia feitas no Brasil de 1845 a 1943

O ano de 1845 marca o início da publicação da Bíblia no Brasil, a partir de uma tradução, também ela, feita no Brasil. Não é ainda a Bíblia inteira, mas apenas o Novo Testamento. A publicação foi feita no Maranhão. Pouco mais de cinquenta anos depois, no início do século XX, vem a segunda publicação, também de uma tradução empreendida no Brasil e que também apareceu no Nordeste, mas desta vez na Bahia. Outras publicações virão a seguir, a maioria delas parciais, quase sempre apenas do Novo Testamento, razão pela qual se torna destaque para esse período o aparecimento da Bíblia Sagrada: Traducção Brazileira, resultante da iniciativa de diversas igrejas protestantes. Entre as edições apresentadas a seguir, também será mencionada uma tradução feita em Portugal, mas que teve boa difusão no Brasil, cujos exemplares ainda são facilmente encontrados: a Bíblia na tradução de Matos Soares.

3.1. O Novo Testamento de Nosso Senhor Jesus Christo

Entre os anos 1845 e 1847, foi publicada no Maranhão uma tradução do Novo Testamento feita por dom frei Joaquim de Nossa Senhora de Nazareth, que foi bispo do Maranhão e, depois, de Coimbra, tendo regressado ao Maranhão, onde veio a falecer em

1851.[1] O título da edição era: *O Novo Testamento de Nosso Senhor Jesus Christo, tradusido em portuguez, e anotado segundo o sentido dos Santos Padres e Expositores Catholicos, pelo qual se esclarece a verdadeira doutrina do texto sagrado, e se refutaõ os erros subversivos dos novadores antigos, e modernos, por D. Fr. Joaquim de Nossa Senhora de Nazareth, Bispo de Coimbra, Conde de Arganil, e Senhor de Coja*. Maranhão: Impresso na Typographia de I. S. Ferreira, 1845 a 1847. 3 tomos.[2] Uma segunda edição dessa tradução foi feita em Lisboa, em 1875, desta vez sem o texto em latim e *em conformidade da Versão Franceza annotada por J.-B. Glaire*.[3]

De acordo com S. Voigt, essa tradução foi utilizada pelos padres da Pia Sociedade de São Paulo (Paulinos) para uma edição dos evangelhos e Atos dos Apóstolos, em 1935, em São Paulo, para aquela que foi a primeira edição da Bíblia feita por eles no Brasil.[4]

3.2. As traduções da Bíblia dos franciscanos da Bahia

O Primeiro Congresso Católico Brasileiro aconteceu em 1900, na Bahia. No dia 9 de junho, foi decidido que se faria uma edição da Bíblia com o objetivo de combater a propagação das edições protestantes no Brasil. O encargo foi confiado aos franciscanos, que, em fevereiro de 1902, publicavam, na Bahia, *O Santo Evangelho de Jesus Christo segundo S. Matheus, traduzido em portuguez segundo a Vulgata latina. Com annotações extrahidas dos SS. Padres e de theologos eminentes, antigos e modernos. Editado pelos Religiosos Franciscanos*. Em abril desse ano, era publicado *O Santo Evangelho de Jesus Christo segundo S. Marcos*, e em junho, uma edição

---

[1] J. Pereira, Portugaises (versions) de la Bible, c. 568.
[2] *Bíblias do mundo*, p. 15. A Biblioteca Nacional possui, dessa obra, apenas um exemplar do tomo I (Os evangelhos). Esse exemplar pertenceu ao Imperador Pedro II e encontra-se na coleção Dona Theresa Maria Cristina.
[3] J. Pereira, Portugaises (versions) de la Bible, c. 568.
[4] S. Voigt, Versões em português, p. 169. Cf. A. de Palmas, *O católico perante a Bíblia*, p. 61.

reunia as duas anteriores. Em agosto de 1903, era publicado *O Santo Evangelho de Jesus Christo segundo S. Lucas*, e, em dezembro, *O Santo Evangelho de Jesus Christo segundo S. João*. Em maio de 1904, aparecia *Os Actos dos Apostolos*, e de maio de 1905 a janeiro de 1906, a epístolas aos Romanos, 1Coríntios e 2Coríntios.[5] De acordo com S. Voigt, essa tradução do Novo Testamento é do monsenhor José Basílio Pereira (1846-1922).[6] A edição teve várias reimpressões, dentre as quais se pode assinalar: *Novo Testamento: Os Evangelhos e Atos dos Apóstolos*, de 1909; *Novo Testamento: Epístolas de S. Paulo*, de 1910, e *Epístolas dos Apóstolos e Apocalipse*, de 1912.[7] A impressão era feita na Tipografia de São Francisco da Baía.[8] De acordo com J. E. M. Terra, em 1912 também foi publicada uma edição completa do Novo Testamento, revista pelo padre J. Knabenbauer, S. J.[9] Segundo A. de Palma, em 1923, houve uma impressão feita na Tipografia de Frederico Pustet, em Ratisbona, na Alemanha.[10]

Nos anos de 1920, os franciscanos da Bahia faziam uma edição dos Salmos: *Os Salmos. Tradução e Comentário de Mons. Dr. José Basílio Pereira*, de 1922. Em 1923, era publicado novamente *Nôvo Testamento: Epístolas dos Apóstolos e Apocalipse*.[11] Ainda em 1922, de acordo com A. de Palma, era publicado *O livro de Jó*, tradução de José Basílio Pereira.[12]

Em 1938, houve uma nova edição da tradução do Novo Testamento de José Basílio Pereira, impressa na Tipografia de São Francisco, dos franciscanos da Bahia. Foi uma edição em fascículos.[13]

---

[5] J. Pereira, Portugaises (versions) de la Bible, c. 568.
[6] S. Voigt, Versões em português, p. 189.
[7] L. Garmus, Fidelidade ao texto original, p. 44.
[8] A. de Palma, *O católico perante a Bíblia*, p. 61.
[9] J. E. M. Terra, *A Bíblia e a evangelização do Brasil*, p. 25.
[10] A. de Palma, *O católico perante a Bíblia*, p. 61.
[11] L. Garmus, Fidelidade ao texto original, p. 44.
[12] A. de Palma, *O católico perante a Bíblia*, p. 61.
[13] A. de Palma, *O católico perante a Bíblia*, p. 61.

Em 1940 e 1941, a tradução do Novo Testamento dos franciscanos da Bahia foi reeditada por frei Damião Klein, em dois volumes: *Nôvo Testamento: Vol. I: Os Santos Evangelhos e os Atos dos Apóstolos* (1940); *Vol. II: As Epístolas dos Apóstolos e o Apocalipse* (1941). *Texto latino e tradução portuguesa, adaptada ao texto original, com breves comentários* (Bahia: Tipografia S. Francisco). Essa edição, de acordo com seu prefácio, identifica-se substancialmente com a segunda edição, mas há correções e alterações introduzidas. O texto bíblico é apresentado em duas colunas. Na primeira, está o texto em latim, segundo a Vulgata, de acordo com a edição crítica de P. Hetzenauer (Roma e Regensburg, 1922). Na segunda coluna, está a tradução portuguesa, que, no entanto, não é exatamente a tradução da coluna latina, mas sim uma tradução baseada no texto grego editado por H. Vogels (1922). De acordo com L. Garmus, a publicação da coluna com o texto latino "foi a forma que o tradutor encontrou para driblar a norma da Igreja Católica que exigia o uso do texto latino da Vulgata para as traduções em língua vernácula".[14]

3.3. Bíblia Sagrada: traducção brazileira

Essa foi a primeira tradução completa da Bíblia ao português feita no Brasil. Sua origem remonta ao início do século XX, quando um grupo de líderes religiosos fez chegar às sociedades bíblicas Britânica e Estrangeira e Americana o desejo de que houvesse uma tradução da Bíblia feita no Brasil. Mais uma vez, a solicitação foi acolhida pelas duas sociedades bíblicas.[15]

Em 1903, foi nomeada uma Comissão de Tradução com representantes de várias igrejas protestantes presentes no Brasil, formada de especialistas em línguas bíblicas e em português. A

---

[14] L. Garmus, Fidelidade ao texto original, p. 44.
[15] L. A. Giraldi, *História da Bíblia no Brasil*, p. 51.

maioria da Comissão era de brasileiros, mas havia também alguns estrangeiros que conheciam o português.[16]

De acordo com a apresentação da Bíblia Sagrada – Tradução Brasileira, pela Sociedade Bíblica do Brasil, o trabalho dessa tradução foi comandado pelo missionário metodista estadunidense Hugh Clarence Tucker (1857-1956).[17] Segundo L. A. Giraldi, as reuniões da Comissão de Tradução realizavam-se em sua casa, na cidade do Rio de Janeiro. No entanto, a própria Comissão, em sua primeira reunião, teria eleito, como seu presidente, o missionário episcopal William Campbell Brown, que permaneceu nessa função até 1913, sendo substituído pelo pastor presbiteriano Eduardo Carlos Pereira (1855-1923), que, por sua vez, presidiu a Comissão até 1917, ou seja, até o final dos trabalhos de tradução.[18]

Entre os membros da Comissão de Tradução também se destacaram: Hipólito de Oliveira Campos, Antônio B. Trajano, Alfredo Borges Teixeira, John M. Kyle e John Rockwell Smith. Colaboraram como consultores da tradução: Rui Barbosa, José Veríssimo, Heráclito Graça, Virgílio Várzea, Remígio Cerqueira Leite e Alberto Meyer.[19]

A primeira publicação da Tradução Brasileira apareceu em 1908. Foram publicados primeiramente os evangelhos segundo Mateus e segundo João. No mesmo ano, foi publicado o Novo Testamento completo. A edição de toda a Bíblia foi feita em 1917. Essa publicação era feita pelas sociedades bíblicas Britânica e Estrangeira e Americana. Na década de 1950, essa tradução deixou de ser publicada.[20]

Entre as edições, pode-se contar uma feita em Nova York: *A Bíblia Sagrada contendo o Velho e o Novo Testamento traduzida se-*

---

[16] L. A. Giraldi, *História da Bíblia no Brasil*, p. 51.
[17] *Bíblia Sagrada: tradução brasileira* (disponível na internet).
[18] L. A. Giraldi, *História da Bíblia no Brasil*, p. 51.
[19] L. A. Giraldi, *História da Bíblia no Brasil*, p. 51.
[20] L. A. Giraldi, *História da Bíblia no Brasil*, p. 52.

gundo os originaes hebraico e grego. Traducção brazileira (New York: American Bible Society, s/d). Há também uma edição de 1924, patrocinada pela Sociedade Bíblica Britânica e Estrangeira.[21] J. E. M. Terra registra uma edição em dois volumes, de 1954, feita no Rio de Janeiro, já pela Sociedade Bíblica do Brasil.[22]

Essa tradução nunca chegou a ter a mesma influência que a tradução de Almeida. É possível que isso tenha se dado, entre outros fatores, pelo fato de as novas denominações evangélicas que iam surgindo no Brasil terem optado pela tradução de Almeida e não pela Tradução Brasileira. Por exemplo, em 1910, surgia, em São Paulo, a Congregação Cristã do Brasil, que adotou, para seus fiéis, a tradução de Almeida, na versão Revista e Corrigida. O mesmo se deu com a Assembleia de Deus, que chegou ao Brasil no mesmo ano de 1910.[23]

Em 2010, a Sociedade Bíblica do Brasil voltou a publicar essa tradução. De acordo com a Sociedade Bíblica do Brasil, a reedição dessa tradução se deve a dois motivos:

> A Tradução Brasileira ganhou renome pela fidelidade ao sentido original. Chegou a ser conhecida como "Bíblia Tira-Teima" por ser bastante literal. Seu relançamento está fundamentado em dois grandes pontos: ela é um marco histórico e um documento que auxilia, em muitos casos, a compreender a origem das formulações encontradas na tradução de Almeida Revista e Atualizada.[24]

Para a reedição foram feitas as devidas atualizações ortográficas e gramaticais. Também foram aportuguesadas as formas de nomes próprios que, na Tradução Brasileira, tinham sido transliterados. As formas adotadas foram aquelas da versão Almeida

---

[21] L. A. Giraldi, *História da Bíblia no Brasil*, p. 53.
[22] J. E. M. Terra, *A Bíblia e a evangelização do Brasil*, p. 27.
[23] L. A. Giraldi, *História da Bíblia no Brasil*, p. 54-55.
[24] *Bíblia Sagrada: tradução brasileira* (disponível na internet).

Revista e Atualizada. Enfim, para o tetragrama divino foi mantida a escolha da comissão tradutora: Jehovah, atualizada para a forma Jeová.[25]

3.4. Outras traduções da Bíblia no Brasil: 1900-1920

Em 1905, surgiu, no Rio de Janeiro, outra publicação: *Os Santos Evangelhos de N. S. Jesus Christo e os Actos dos Apostolos*. Trata-se de uma tradução da Vulgata latina, feita pelo padre Pedro Maria Booz. As notas são tomadas de uma edição francesa feita pelos padres assumpcionistas. A edição foi aprovada pelo arcebispo, que viria a se tornar o Cardeal Arcoverde.[26]

Também se pode assinalar a *Concordância dos Santos Evangelhos rehunidos num só*, de 1903, do cônego Duarte Leopoldo e Silva (1867-1938), que veio a ser bispo de Curitiba e, posteriormente, primeiro arcebispo de São Paulo.[27] A editora da publicação foi a Escola Tipográfica Salesiana, de São Paulo.[28]

No Rio de Janeiro, em 1912 e 1913, foi publicada uma versão dos evangelhos do padre José de Senna Freitas.[29] A impressão foi feita na Tipografia do Jornal do Comércio.[30] A edição, em quatro volumes, trazia a tradução acompanhada de anotações.[31]

3.5. Bíblia Sagrada, tradução de Matos Soares

A tradução da Bíblia do padre Matos Soares, feita da Vulgata latina, foi publicada pela primeira vez no Porto, em 1932.[32] No

---

[25] *Bíblia Sagrada: tradução brasileira* (disponível na internet). A apresentação dessa edição, contudo, explica "que a forma 'Jeová' resulta da vocalização do tetragrama YHWH como Adonay ('meu Senhor')".
[26] J. Pereira, Portugaises (versions) de la Bible, c. 568-569.
[27] J. Pereira, Portugaises (versions) de la Bible, c. 568.
[28] F. P. Richtmann, O atual movimento bíblico católico no Brasil, p. 85.
[29] S. Voigt, Versões em português, p. 189.
[30] A. de Palma, *O católico perante a Bíblia*, p. 61.
[31] F. P. Richtmann, O atual movimento bíblico no Brasil, p. 85.
[32] S. Voigt, Versões em português, p. 189. Encontrei pouquíssimas informações a respeito de Matos Soares. Seu nome seria Manuel de Matos Soares, confor-

Brasil, ela foi publicada pela primeira vez em 1942, pelas Edições Paulinas. Nos anos seguintes, foram várias reimpressões e, inclusive, houve uma nova edição, com novas introduções e notas. Na chamada 34ª edição,[33] de 1976, há uma informação de que as introduções e notas explicativas tinham sido inteiramente renovadas: as introduções tornaram-se mais amplas e atualizadas, e as notas foram enriquecidas a partir dos documentos do Concílio Vaticano II. A coordenação desse projeto ficou a cargo do padre paulino Honório Dalbosco (1923-).[34]

3.6. O Novo Testamento de Huberto Rohden

Em 1934, é publicada pela Editora Vozes, em Petrópolis, uma tradução do Novo Testamento feita a partir do texto grego: *Os Livros Sagrados do Nôvo Testamento. Versão baseada no texto grego mais antigo, confrontada com as variantes da Vulgata e anotada pelo Pe. Dr. Huberto Rohden*. Na introdução, o autor informa que utilizou o texto grego conforme as edições de Nestle e Vogels.

H. Rohden (1893-1981) também tece algumas considerações a respeito da tradução, comentando que, para ser boa, deve "atingir o pensamento exato e integral do autor", e "reproduzir esse pensamento em linguagem correta e atual".[35] Ele explica o que quer significar com essas palavras:

> Para atingir o pensamento exato e integral do autor faz-se mister um conhecimento profundo, não só do idioma em que êle escreveu, como ainda das circunstâncias históricas, culturais, geo-

---

me consta em página do Google Books (https://www.google.com/search?-q = B%C3%ADblia + matos + soares&btnG = Pesquisar + livros&tbm = bks&-tbo = 1&hl = pt-BR). Ele foi padre da diocese do Porto e professor no Seminário Diocesano, conforme aparece em algumas edições de sua tradução, feitas no Porto.

[33] Então não se distinguia o que era uma nova edição de apenas uma nova reimpressão.
[34] *Bíblia Sagrada* (1976), p. 4.
[35] *Novo Testamento* (1938), p. VI.

gráficas, políticas do respetivo período; além disto, uma noção perfeita da índole peculiar do escritor, e uma idéia nítida dos usos e costumes dos contemporâneos, e, sobretudo, dos destinatários do documento em apreço.

Para reproduzir em linguagem correta e atual o pensamento do autor, não basta traduzir ao pé da letra, palavra por palavra, frase por frase. Destarte se reproduziria, talvez, o *corpo* do texto, mas não a sua *alma*. Semelhante versão, embora materialmente fiel, poderia ser espiritualmente uma traição – em vez duma tradução.[36]

Para essa edição, H. Rohden criou uma espécie de aparato crítico, indicando, com sinais, as omissões, acréscimos e divergências entre o texto grego por ele utilizado e a Vulgata. A edição trazia ainda, como apêndice, um calendário litúrgico com as indicações de leituras dos evangelhos e epístolas para os domingos e principais festas do ano, bem como uma pequena concordância bíblica.[37]

Quatro anos depois, aparecia a segunda edição da tradução de H. Rohden: *Nôvo Testamento: Evangelhos, Atos dos Apóstolos, Epístolas, Apocalipse. Versão baseada no texto original confrontada com as variantes da Vulgata e brevemente anotada pelo P. Huberto Rohden. Segunda edição*. Esta edição foi feita no Rio de Janeiro, pela Cruzada da Boa Imprensa, 1938.[38]

Outras edições se seguiram, dentre as quais, pode-se notar a quarta edição: *Novo Testamento: tradução do texto original grego, com as variantes da Vulgata e amplamente anotada* (São Paulo: União Cultural Editôra, s/d).

---

[36] *Novo Testamento*, H. Rohden (1938), p. VI-VII.
[37] L. Garmus, Fidelidade ao texto original, p. 45.
[38] *Novo Testamento*, H. Rohden (1938), página de rosto.

3.7. O Novo Testamento de frei João José Pedreira de Castro

Em 1939, é publicada a tradução do Novo Testamento de frei João José Pedreira de Castro, pela Editora Vozes, em Petrópolis. A edição apareceu como sendo o volume IV de uma publicação completa da Bíblia que, no entanto, não chegou a acontecer: *Bíblia Sagrada: Edição da Editora Vozes, feita sob a direção de frei João José Pedreira de Castro. Nôvo Testamento.*

Para realizar este trabalho, Pedreira de Castro teve a colaboração de frei Adauto Schuhmacher, e ainda de outros colaboradores. A edição traz breves introduções a cada livro do Novo Testamento, todas colocadas no início do volume. Há notas de rodapé, mas pouco numerosas. No final, há alguns apêndices. O primeiro chama-se "Os tempos e lugares messiânicos", com dados sobre o contexto histórico e religioso do tempo de Jesus, calendário, pesos, medidas e moedas. Outro apêndice traz o elenco de leituras das epístolas e evangelhos para os domingos e festas do ano. Há ainda uma concordância resumida e três mapas.[39]

Em 1942, apareceu a terceira edição dessa tradução e, em 1950, a quarta edição.[40]

Em 1944, houve uma nova edição dessa tradução de Pedreira de Castro, mas apenas dos evangelhos: *Os Santos Evangelhos de Nosso Senhor Jesus Cristo* (Petrópolis: Vozes, 1944).[41] Houve uma segunda impressão em 1949, e uma terceira impressão.[42]

De acordo com L. Garmus, dois fatores explicam por que essa edição, pensada para ser de toda a Bíblia, acabou ficando apenas no Novo Testamento. O primeiro foi a dificuldade, na ocasião, de importar o papel-bíblia utilizado nesse tipo de edição, devido à

---

[39] L. Garmus, Fidelidade ao texto original, p. 45-46.
[40] A. de Palma, *O católico perante a Bíblia*, p. 62. Não encontrei referência à segunda edição da referida publicação.
[41] L. Garmus, Fidelidade ao texto original, p. 46.
[42] A. de Palma, *O católico perante a Bíblia*, p. 62.

Segunda Guerra Mundial. O segundo foi a publicação da encíclica *Divino Afflante Spiritu*, de Pio XII, em 1943, que permitia, na Igreja Católica, que se fizessem traduções bíblicas a partir dos idiomas originais: hebraico, aramaico e grego. A tradução de Pedreira de Castro ainda era uma tradução feita a partir do texto latino da Vulgata. Continuar a publicar novas traduções da Bíblia feitas a partir da Vulgata já não parecia suficiente.[43]

3.8. O Novo Testamento na tradução de Álvaro Negromonte

Em 1941, é publicado *Os Santos Evangelhos*, tradução do padre Álvaro Negromonte. A segunda edição aparece em 1943.[44] Posteriormente, essa publicação foi acrescida da tradução dos demais escritos do Novo Testamento. Em 1961, ela estava em sua terceira edição: *Novo Testamento. Tradução e notas de Mons. Álvaro Negromonte* (3ª edição revista e ampliada. Rio de Janeiro: Agir, 1961). Negromonte afirma que, para essa edição, refez toda a tradução dos evangelhos a partir do texto grego.[45]

3.9. O Novo Testamento na tradução de Vicente Zioni

Em 1943, é publicada a tradução do Novo Testamento de Vicente Marchetti Zioni (1911-2007): Novo Testamento, versão portuguesa segundo a Vulgata latina pelo Pe. Vicente Zioni, com uma adaptação do comentário do Pe. Eusébio Tintori, O.F.M. (São Paulo: Pia Sociedade de São Paulo, 1943). A edição comporta algumas introduções gerais e introduções a cada escrito bíblico, bem como notas explicativas ao longo de todo o texto. Nas últimas páginas, há um elenco de notas e outro de "citações por ordem alfabética dos textos da Bíblia Sagrada que constituem o dogma católico contra os erros dos protestantes".[46]

---

[43] L. Garmus, Fidelidade ao texto original, p. 46-47.
[44] A. de Palma, *O católico perante a Bíblia*, p. 61.
[45] *Novo Testamento* (1961), p. 1.
[46] *Novo Testamento* (1943), p. 473.

Com exceção da tradução do Novo Testamento de dom frei Joaquim de Nossa Senhora de Nazareth, todas as outras traduções assinaladas neste capítulo são da primeira metade do século XX. Com exceção da *Bíblia Sagrada, traducção brazileira*, todas as outras traduções feitas no Brasil são apenas do Novo Testamento. Isso não significa, no entanto, que a atividade de tradução da Bíblia no Brasil, nesse período, seja negligenciável, de modo especial, tomando-se em consideração o período de 1902 a 1943. O destaque desse período fica por conta da Traducção Brazileira, realizada em âmbito protestante. Essa tradução, contudo, não conseguiu suplantar a tradução de Almeida. Do lado católico, as diversas traduções do Novo Testamento que foram aparecendo prepararam o terreno para as traduções de toda a Bíblia que aconteceriam nas décadas seguintes. Havia ainda uma questão a ser resolvida pelo lado católico: qual texto traduzir, o da Vulgata ou o das línguas originais: hebraico, aramaico e grego? Nesse sentido, a tradução do Novo Testamento de Huberto Rohden, publicada em 1934, foi pioneira ao traduzir o texto grego, confrontando-o com o texto latino da Vulgata. A próxima fase, que será abordada no capítulo seguinte, verá surgir importantes traduções da Bíblia inteira, Antigo e Novo Testamento, feitas pelos cristãos católicos, muitas das quais conhecem, ainda hoje, ampla circulação.

CAPÍTULO 4

As traduções da Bíblia feitas no Brasil nas décadas de 1950 e 1960

As décadas de 1950 e 1960 foram marcadas pelo aparecimento de algumas edições da Bíblia que continuam a ser publicadas até os dias atuais. Dentre elas, ganha destaque a edição patrocinada pela Liga de Estudos Bíblicos (LEB), para a qual se reuniu, até então no Brasil, o maior número de tradutores em vista de uma tradução da Bíblia a partir dos idiomas originais. Aliás, esse será um traço marcante das edições desse período e de outras de períodos posteriores: cada vez mais a publicação de uma edição da Bíblia será uma obra coletiva, empreendida por vários biblistas trabalhando em parceria.

4.1. O Novo Testamento, tradução de Lincoln Ramos

Em 1952, é publicada uma tradução dos evangelhos do padre Lincoln Ramos, feita a partir do texto grego: *Os Quatro Evangelhos. Apresentados em nova tradução e comentados pelo Padre Lincoln Ramos* (Petrópolis: Vozes, 1952).[1] Em 1956, aparecia a segunda edição dessa tradução.[2] Em 1958, eram publicados os demais escritos do Novo Testamento: *Atos dos Apóstolos, Epístolas e Apocalipse. Traduzidos do original grego e anotados* (Petrópolis: Vozes, 1958).[3]

---

[1] L. Garmus, Fidelidade ao texto original, p. 47.
[2] A. de Palma, *O católico perante a Bíblia*, p. 62.
[3] L. Garmus, Fidelidade ao texto original, p. 47.

67

Essa publicação foi bem acolhida graças aos recursos que trazia. Além das notas explicativas no pé de página, há uma introdução no início do volume e três apêndices no final. Na introdução, são abordados temas como inspiração, hermenêutica bíblica, tradução, cenário histórico, geográfico e religioso do ambiente de Jesus, e um mapa da Palestina. No final, há um elenco, em ordem cronológica, de fatos da vida de Jesus, um índice alfabético dos fatos evangélicos e uma lista de leituras para os domingos e dias santos.[4]

Em 1979, aparecia a terceira edição com o título *A palavra do Senhor: Novo Testamento. Tradução baseada no texto original grego e anotada por Mons. Lincoln Ramos. 3ª edição inteiramente revista por uma equipe de biblistas*. Essa edição foi feita em São Paulo, pela editora Dom Bosco. Na página 4, há uma nota de que esse trabalho de revisão foi feito por Cristina Kapor, João Paixão Neto e estudantes do Instituto Teológico Pio XI, e coordenado por Hilário Passero. Adiante, na página 6, há uma informação de que a revisão consistiu em uma atualização de termos, expressões, linguagem e comentários. Segundo o próprio tradutor, seu trabalho tem uma motivação pastoral.[5] Houve a quarta edição, em 1982.[6]

4.2. Bíblia Sagrada, Ave-Maria

Nos anos de 1950, surgiam no Brasil duas edições católicas da Bíblia: uma patrocinada pelo Centro Bíblico Católico de São Paulo, publicada pela Editora Ave-Maria, e que, posteriormente, ficou conhecida como "Bíblia Ave-Maria", e outra sob o patrocínio da Liga de Estudos Bíblicos (LEB).[7]

Entre os católicos, a Bíblia Ave-Maria leva o título de ser a primeira versão completa da Bíblia feita no Brasil. Trata-se, porém,

---

[4] L. Garmus, Fidelidade ao texto original, p. 47.
[5] *A palavra do Senhor*, p. 3-6.
[6] J. E. M. Terra, *A Bíblia e a evangelização do Brasil*, p. 32.
[7] S. Voigt, Versões em português, p. 189.

de uma tradução da edição francesa da Bíblia dos monges beneditinos de Maredsous, Bélgica, feita dos textos nas línguas originais: hebraico, aramaico e grego.[8] O trabalho de tradução dos textos bíblicos foi empreendido, de modo especial, por frei João José Pedreira de Castro, e levou apenas dois anos para ficar pronto.[9]

João José Pedreira de Castro nasceu em Petrópolis (RJ), a 26 de junho de 1896, e faleceu em Tremembé (SP), a 30 de maio de 1962. Em 1914, recebeu o hábito franciscano. Estudou filosofia em Curitiba e teologia em Petrópolis. Depois da ordenação presbiteral, em 1920, foi enviado a Roma para os estudos bíblicos. Não tendo se adaptado à cidade, foi continuar seus estudos em Munique, na Alemanha. Em 1924, descobriu-se diabético e, desenganado pelos médicos, regressou ao Brasil sem concluir os estudos. A doença não foi fatal como os médicos previram, e frei João José teve de aprender a conviver com ela. No Brasil, foi, durante longos anos, professor do Instituto Teológico Franciscano, em Petrópolis, até que, em 1951, foi transferido para São Paulo. Em 1956, fundou o Centro Bíblico Católico.[10] Frei João José também foi um dos fundadores da Liga de Estudos Bíblicos (LEB) e seu vice-diretor.[11] Seu apostolado bíblico não se limita à atividade de tradutor, pois foi também promotor de várias semanas bíblicas populares. Em 1953, lançou um curso bíblico por correspondência que chegou a 3 mil cursistas em 1957. O Centro Bíblico Católico de São Paulo, que ele fundara, mantinha uma exposição bíblica permanente e uma livraria, bem como promovia cursos bíblicos ocasionais.[12] Frei João José já tinha feito uma tradução do Novo Testamento para a Editora Vozes, mas, de fato, seu nome ficou ligado à Bíblia Ave-Maria, da qual foi o principal tradutor.

---

[8] L. Garmus, Fidelidade ao texto original, p. 48.
[9] L. Garmus, Fidelidade ao texto original, p. 48.
[10] C. Koser, Frei João José Pedreira de Castro (disponível na internet).
[11] A Bíblia Ave-Maria, p. 9-10.
[12] L. Garmus, Fidelidade ao texto original, p. 48.

Um dos principais colaboradores de frei João José foi frei Paulo Avelino de Assis, também franciscano. Nascido em Angelina (SC) aos 3 de agosto de 1922, frei Paulo Avelino era músico e foi o responsável pela preparação do livro dos Salmos para a Bíblia Ave-Maria.[13] Faleceu em São Paulo, em 23 de fevereiro de 2010.[14]

A primeira edição da Bíblia Ave-Maria saiu em 1959, sendo então chamada simplesmente de Bíblia Sagrada. Foram impressos 25 mil exemplares que se esgotaram em pouco mais de um mês.[15] No "Prólogo à tradução", frei João José Pedreira de Castro apresenta-se como o diretor do Centro Bíblico Católico, entidade à qual atribuía a decisão de "empreender esta penosa e sublime tarefa de tradução da Bíblia".[16]

De acordo com L. Garmus, não se sabe ao certo por que esse trabalho – de um frade franciscano – não foi publicado pela Editora Vozes, mas pela Editora Ave-Maria. Ele, no entanto, arrisca um palpite. Na ocasião, na Editora Vozes, já estaria em andamento outro projeto de tradução da Bíblia inteira, dirigido pelo frei Mateus Hoepers, feita a partir das línguas originais. Diante desse projeto, uma tradução da Bíblia feita a partir do francês não teria despertado o interesse da Editora.[17]

Segundo Antônio Bonci, a divulgação da Bíblia Ave-Maria começou a ser feita pela Revista Ave-Maria e logo se tornou bastante difundida, a ponto de a Editora precisar ampliar suas instalações para as edições que se seguiram.[18] É grande o número de edições e reimpressões da Bíblia Ave-Maria, quase impossível saber exatamente quantas, ainda mais que a linguagem usada em cada

---

[13] A Bíblia Ave-Maria, p. 11.
[14] *Frei Paulo Avelino de Assis, OFM* (disponível na internet).
[15] *Bíblia Sagrada Ave-Maria*: edição comemorativa, encarte.
[16] *Bíblia Sagrada* (2004), prólogo.
[17] L. Garmus, Fidelidade ao texto original, p. 49.
[18] Um sonho que vira realidade, p. 13.

publicação referia-se sempre a "edição", ainda que se tratasse apenas de reimpressão.

No ano de 2009, houve uma edição comemorativa dos 50 anos da primeira edição da Bíblia Ave-Maria: *Bíblia Sagrada Ave-Maria. 50 anos. Edição comemorativa.* Em setembro desse mesmo ano, padre Nestor Zatt afirmava que 50 mil exemplares da Bíblia Ave--Maria eram impressos mensalmente.[19]

Entre as edições ou reimpressões da Bíblia Ave-Maria, pode-se mencionar a 4ª edição, em 1962; a 21ª edição, em 1974, e a 115ª edição em 1998.[20] Há também uma edição de 1964: *Bíblia Sagrada: tradução dos originais hebraico, aramaico e grego, mediante a versão francesa dos monges beneditinos de Maredsous (Bélgica) pelo Centro Bíblico de São Paulo* (São Paulo: Ave-Maria, 1964).

O texto da Bíblia Ave-Maria pode ser acessado na internet em: www.avemaria.com.br/editora/biblia.

4.3. A Bíblia da Liga de Estudos Bíblicos: A Santa Bíblia, A Bíblia Mais Bela do Mundo, Bíblia Mensagem de Deus

Mais ou menos ao mesmo tempo em que surgia a Bíblia Ave--Maria, ou mesmo um pouco antes, começava a ser publicada aos poucos uma tradução da Bíblia patrocinada pela Liga de Estudos Bíblicos (LEB). Embora tenha começado antes, terminou depois da edição da Ave-Maria. Essa tradução foi feita a partir dos textos nos idiomas originais da Bíblia e, no âmbito católico, pode ser considerada como a primeira edição integral da Bíblia feita no Brasil a partir do hebraico, aramaico e grego.

Quando essa Bíblia começou a ser publicada? De acordo com J. E. M. Terra, a primeira publicação aconteceu em 1951, em São Paulo: a tradução dos Salmos feita por E. Vogt. Depois, seguiram-

---

[19] A continuidade da Bíblia Ave-Maria, p. 14.
[20] *Bíblia Sagrada Ave-Maria*: edição comemorativa, encarte.

-se outros 42 volumes publicados no Rio de Janeiro.[21] De acordo com A. de Palma, a publicação somente teve início em 1956, pela Editora Agir, do Rio de Janeiro, e o primeiro volume publicado trazia Tobias, Judite e Ester. O nome dado à publicação foi *A Santa Bíblia*.[22] Segundo S. Voigt, no entanto, a primeira publicação foi em 1955.[23]

Posteriormente, houve uma edição ilustrada, de luxo, também em fascículos com o título de *A Bíblia mais bela do mundo*, feita em São Paulo.[24] A publicação foi feita pela Editora Abril e os fascículos formavam uma coleção em 8 volumes. De acordo com J. E. M. Terra, essa edição foi publicada de 1956 a 1968, seguida da segunda edição já revista por uma equipe de biblistas da LEB.[25] De acordo com S. Voigt, a edição pela Editora Abril teve início apenas em 1965.[26]

Uma nova revisão dessa edição deu origem à Bíblia Mensagem de Deus, publicada desde 1983 pelas Edições Loyola.[27] A revisão final das notas coube a Nércio Rodrigues.[28] Em seguida, vieram sucessivas reimpressões, uma das quais data de 1994. Posteriormente, essa edição passou a ser publicada em parceria pelas Edições Loyola e Editora Santuário, como é o caso de uma reedição de março de 2002.

A lista de colaboradores dessa tradução da Bíblia é extensa e pode-se dizer que, pela primeira vez no Brasil, uma edição da Bíblia era feita por um grupo importante de biblistas. Muitos foram

---

[21] J. E. M. Terra, *A Bíblia e a evangelização do Brasil*, p. 26. A edição dos Salmos de E. Vogt está elencada ao final deste capítulo, no subtítulo "Edições parciais da Bíblia".
[22] A. de Palma, *O católico perante a Bíblia*, p. 62.
[23] S. Voigt, Versões em português, p. 189.
[24] S. Voigt, Versões em português, p. 189.
[25] J. E. M. Terra, *A Bíblia e a evangelização do Brasil*, p. 26.
[26] S. Voigt, Versões em português, p. 189.
[27] *Bíblia*: mensagem de Deus, p. 11.
[28] J. E. M. Terra, *A Bíblia e a evangelização do Brasil*, p. 26.

responsáveis por traduções, notas e introduções, outros apenas por notas ou por revisões. Com o tempo e o surgimento de novas edições, outros biblistas deram sua contribuição a esse trabalho. A lista de colaboradores, segundo a edição de 1994, comporta diversos nomes. Aqueles que aparecem como tradutores são: Alberto Braun, Balduíno Kipper, Daniel Tomasella, Emílio Mallmann, Ernesto Vogt, Estevão Bettencourt, Eurico Peters, Frederico Dattler, Heládio C. Laurini, João José Pedreira de Castro, José Alberto de C. Pinto, José S. Saba, Lincoln Ramos, Luiz Gonzaga Sena, Manuel Jiménez, Marcos C. de Almeida, Mateus F. Giuliano, Nércio Rodrigues, Ney Brasil Pereira, Otto Skrzypczak, Pedro Terra. Vários desses tradutores aparecem também como revisores e autores de notas e introduções a diversos livros. A lista comporta também nomes de biblistas que trabalharam como revisores, supervisores e autores de notas e introduções, mas sem que lhes seja assinalada a tradução direta de algum escrito bíblico. São eles: Alcides P. da Silva, Antônio Charbel, Darci Dutra, Eduardo Quirino de Oliveira, Ivo Storniolo, João Evangelista Martins Terra, José Raimundo Vidigal. Trabalharam na revisão literária dessa edição: Fernando Moreira, Luís Fernando Klein e Raul P. Paiva. A coordenação geral das traduções e da edição é de Gabriel C. Galache.[29]

4.4. O Novo Testamento de frei Mateus Hoepers e a Bíblia Sagrada da Editora Vozes

Em 1956, é publicada outra tradução do Novo Testamento: *Novo Testamento. Tradução do original grego pelo P. Dr. Frei Mateus Hoepers, OFM* (Petrópolis: Vozes, 1956). A edição continha

---

[29] *Bíblia*: mensagem de Deus, p. 7. O padre jesuíta Gabriel C. Galache foi diretor das Edições Loyola de 1970 a 1997, ano de seu falecimento. Perfil, Pe. Gabriel C. Galache, SJ, p. 73.

introduções e contava com ilustrações de frei Floriano Surian.[30] O texto grego traduzido foi o da edição de Augustinus Merk. Os apêndices são da edição de João José Pedreira de Castro.[31]

Segundo L. Garmus, o projeto de Mateus Hoepers era traduzir e publicar toda a Bíblia. A tradução, de fato, foi feita, mas não foi publicada. Os livros deuterocanônicos foram traduzidos do grego por Lincoln Ramos. Os livros em hebraico e aramaico foram traduzidos por Mateus Hoepers e Frederico Dattler. L. Garmus afirma que não se sabe por que a Editora Vozes não chegou a publicar essa tradução.[32]

Em 1962, frei Ludovico Gomes de Castro tornou-se diretor da Editora Vozes, assumindo, como um de seus principais projetos, a edição de uma tradução da Bíblia completa. Em 1974, frei Ludovico Garmus assume a coordenação do projeto de publicação da Bíblia Sagrada da Editora Vozes.[33]

Em um relato muitas vezes em primeira pessoa, L. Garmus conta como foi desenvolvido esse projeto. O ponto de partida foi um reexame da edição do Novo Testamento de M. Hoepers, de 1956, e da tradução do Antigo Testamento, igualmente preparada por ele e que se encontrava nos arquivos da Editora Vozes. Quanto ao Novo Testamento, a edição de M. Hoepers passou por uma revisão literária e por uma atualização exegética. Do ponto de vista literário, a tradução era por demais aderente ao grego, e a revisão buscou tornar o texto mais claro e fluente. Esse trabalho foi empreendido pelo professor Emmanuel Carneiro Leão.[34]

Em seguida, começou o trabalho da revisão exegética, feito por Ludovico Garmus, Gabriel Selong e Domingos Zamagna. Esse tra-

---

[30] L. Garmus, Fidelidade ao texto original, p. 47-48. Frei Mateus Hoepers tinha como nome civil Leonardo Hoepers. Nasceu em 31/10/1898, em São Martinho do Capivarí (SC), e faleceu em 29/03/1983. *Família Hoepers* (disponível na internet).
[31] *Novo Testamento* (1956), prefácio.
[32] L. Garmus, Fidelidade ao texto original, p. 48.
[33] L. Garmus, Fidelidade ao texto original, p. 49.
[34] L. Garmus, Fidelidade ao texto original, p. 49-50.

balho também mudou a base do texto grego traduzido, não mais a edição de A. Merk, usada por M. Hoepers, mas a terceira edição de *The Greek New Testament*, das Sociedades Bíblicas Unidas.[35]

O Novo Testamento revisado foi publicado em 1978: *Bíblia: Novo Testamento* (Petrópolis: Vozes, 1978). A edição traz duas séries de notas: uma para os paralelos bíblicos e outra para notas explicativas, de caráter doutrinário e pastoral. Nos apêndices, estão os ciclos de leituras para as missas dominicais, festivas e feriais, já de acordo com as novas propostas de leituras formuladas a partir do Concílio Vaticano II, e mapas.[36]

Enquanto era preparada a edição do Novo Testamento, foi dado início aos trabalhos com o Antigo Testamento. A tradução do Antigo Testamento coordenada por frei M. Hoepers foi analisada. As traduções feitas do hebraico e aramaico foram deixadas de lado. Já as traduções feitas do grego, dos livros chamados deuterocanônicos, que tinham sido feitas por Lincoln Ramos foram aproveitadas. Elas foram entregues a Ney Brasil Pereira, que fez uma revisão exegética e literária dessas traduções. Esse trabalho foi tão amplo que seu resultado pode ser considerado uma nova tradução.[37]

Além de Lincoln Ramos e Ney Brasil Pereira, participaram da tradução do Antigo Testamento: Domingos Zamagna, Emanuel Bouzon, Ivo Storniolo, Ludovico Garmus, João Balduíno Kipper, Luís Stadelmann e Otto Skrzypczak.[38]

Coordenador geral da edição, Ludovico Garmus apresenta um interessante relato do processo de produção desse trabalho. Ele conta, por exemplo, que não houve reuniões da equipe de tradutores e todo contato era feito por carta e telefone. O trabalho dos tradutores chegava à Editora datilografado, seguindo para a revisão literária e, depois, para a revisão exegética. Se havia mu-

---

[35] L. Garmus, Fidelidade ao texto original, p. 50.
[36] L. Garmus, Fidelidade ao texto original, p. 50.
[37] L. Garmus, Fidelidade ao texto original, p. 50-51.
[38] L. Garmus, Fidelidade ao texto original, p. 51.

danças consideráveis a serem feitas, elas eram discutidas com o tradutor. Se fosse preciso, todo o trabalho era novamente datilografado. Garmus conta que algumas traduções chegaram sem as introduções e notas de rodapé. Nesses casos, foi ele próprio, como coordenador do projeto, que as elaborou. Especificamente, vieram sem introdução e notas as traduções dos livros deuterocanônicos do Antigo Testamento, Ester e Isaías. As introduções do Novo Testamento também foram elaboradas por ele. Também foi ele o responsável por dar unidade às introduções e notas e foi quem elaborou os apêndices.[39]

Uma vez que um livro estava pronto, começava o processo de impressão. Esse processo é descrito em detalhes por Ludovico Garmus, de modo que se pode ter uma ideia da quantidade de trabalho que pressupunha, na época, a publicação de uma Bíblia.[40]

Na edição, há dois sistemas de notas de rodapé. O primeiro é com notas explicativas, mais de caráter teológico-pastoral. O segundo é com as principais referências de textos paralelos. Os apêndices à edição trazem tabelas de medidas, pesos e moedas, um índice de leituras da liturgia dominical, festiva e ferial, e um índice de mais de quinhentos termos de caráter bíblico-pastoral com referências bíblicas. A edição inclui ainda 25 gravuras de G. Doré e 20 mapas, além de mais dois mapas nas folhas de guarda. A introdução geral é de Carlos Mesters, o que tem um significado especial, uma vez que esse biblista é conhecido por suas publicações de caráter bíblico-pastoral ao alcance do público em geral, em linguagem popular.[41]

---

[39] L. Garmus, Fidelidade ao texto original, p. 51-53.
[40] L. Garmus, Fidelidade ao texto original, p. 52-53. Ao final desse relato, Garmus explica que esse processo gráfico é anterior ao advento das tecnologias digitais e que, então (o artigo foi publicado em 2006), toda a Bíblia podia ser contida em 5 disquetes ou em um simples CD (p. 53).
[41] L. Garmus, Fidelidade ao texto original, p. 53-54.

A edição completa da Bíblia Sagrada da Editora Vozes foi lançada em outubro de 1982. O *imprimatur* é assinado pelo então arcebispo de São Paulo, Paulo Evaristo Arns.[42] Após sucessivas reimpressões, em 1986, foi feita uma nova edição da Bíblia Sagrada da Editora Vozes. Essa edição surgiu de um trabalho de revisão que não foi nem geral, nem sistemático, mas apenas algumas melhorias nas traduções de alguns livros.[43] Em 1995, começou um trabalho mais profundo de revisão. A ocasião para esse trabalho surgiu com a digitalização de todo o texto da Bíblia. A revisão exegética do Novo Testamento ficou a cargo de Ludovico Garmus. As direções tomadas por essa revisão foram: acomodação da tradução ao texto grego da 27ª edição de Nestle-Aland (de 1995), homogeneização da tradução dos evangelhos sinóticos, fidelidade maior ao texto original, atualização da linguagem em vista de uma tradução inclusiva.[44] Houve ainda uma revisão literária, a cargo de Edgar Orth, que buscou atualizar a linguagem e aprimorar o estilo. Essa revisão substituiu termos que tinham caído em desuso.

Em seguida, começou o trabalho de revisão do Antigo Testamento. Os princípios para essa revisão foram os mesmos seguidos na revisão do Novo Testamento, e as pessoas envolvidas também foram as mesmas: Ludovico Garmus para a revisão exegética e Edgar Orth para a revisão literária. Em 2001, foi publicada a nova edição revisada, ano em que a Editora Vozes comemorava seu centenário.[45]

---

[42] L. Garmus, Fidelidade ao texto original, p. 54.
[43] L. Garmus, Fidelidade ao texto original, p. 54. Em 1992, era publicada uma edição conjunta da Bíblia Vozes pelas editoras Vozes e Santuário, trazendo como nome "A Bíblia do Pão". Cf. *A Bíblia* (1992), página de rosto, p. 10.
[44] Garmus não especifica, em seu artigo, o que seria "aprimorar a fidelidade ao texto original". Quanto à "tradução inclusiva", ele a explica como "uma sensibilidade maior ao movimento feminista", dando alguns exemplos. L. Garmus, Fidelidade ao texto original, p. 54-55.
[45] L. Garmus, Fidelidade ao texto original, p. 55.

A edição da Bíblia Vozes chegou a ser comercializada também em CD-ROM. De acordo com Ludovico Garmus, o CD-ROM foi preparado em 1994 e começou a ser vendido em 1995. A produção do material aconteceu a partir de um projeto conjunto da Editora Vozes, do Comissariado da Terra Santa/Província Franciscana da Imaculada e de um "informata" de Bauru (SP). O texto dos evangelhos é o já revisado, que depois saiu na edição de 2001. Para os demais escritos bíblicos, o texto utilizado foi o da edição de 1982. Na época, as dificuldades para uma produção como esta eram grandes, o que fez com que a Editora Vozes desistisse do projeto uma vez esgotada sua primeira edição. O projeto foi pioneiro e é lamentável que tenha sido abandonado.[46]

4.5. Torah, a Lei de Moisés e as "Haftarot"

Trata-se de uma publicação do texto hebraico com uma tradução ao português, bastante literal, acompanhada de comentários. A tradução e os comentários são do rabino Heir Masliah Melamed, que, na ocasião da publicação, era o orientador do Centro Israelita Brasileiro Bené Herzel, no Rio de Janeiro. A primeira edição saiu em 1962.[47]

4.6. Bíblia Sagrada, tradução da edição do Pontifício Instituto Bíblico

Em 1967, as Edições Paulinas lançavam, no Brasil, uma tradução da Bíblia feita do italiano. Essa edição era do Pontifício Instituto Bíblico de Roma, feita a partir dos idiomas originais.[48]

A edição se chamava *Bíblia Sagrada: tradução dos textos originais, com notas, dirigida pelo Pontifício Instituto Bíblico* (São Paulo: Paulinas, 1967). Trabalharam na edição brasileira como revisores

---

[46] L. Garmus, correspondência pessoal via e-mail, datado de 17 fev 2013.
[47] J. E. M. Terra, *A Bíblia e a evangelização do Brasil*, p. 28.
[48] L. Garmus, Fidelidade ao texto original, p. 49.

exegéticos: Frederico Dattler, Daniel de Conchas, Léo Persch, Antônio Charbel e Joaquim Salvador, e como revisores: Lucas Caravina e H. Dalbosco.[49] A edição traz introduções consideravelmente longas à Bíblia, ao Antigo Testamento, ao Novo Testamento, a cada conjunto de escritos bíblicos e a cada escrito bíblico. As notas explicativas, no pé de página, também são abundantes. Ao final, há um Apêndice extracanônico, no qual figura, entre outros, o Salmo 151 e a Carta de são Paulo aos Laodicenses. Segue um longo índice analítico em ordem alfabética. Essas características fazem com que essa edição possa ser considerada a primeira Bíblia de estudo publicada no Brasil.[50]

A edição da Bíblia do Pontifício Instituto Bíblico já tinha sido objeto de uma tradução parcial ao português, publicada em 1947, em São Paulo: *Os Salmos em português segundo o texto editado pelo Pontifício Instituto Bíblico, traduzidos e anotados por D. Bento José Pickel em colaboração com D. Gabriel Beltrão, monges da Ordem de S. Bento.*[51]

O período apresentado neste capítulo, que compreende as décadas de 1950 e 1960, pode ser visto a partir de diversas perspectivas. Uma deles, talvez a mais importante, seja da origem de uma edição da Bíblia: trata-se de uma tradução feita no Brasil ou de uma tradução de uma edição estrangeira? Nesse período, foram quatro as edições de toda a Bíblia (Antigo e Novo Testamento), sendo que duas foram feitas no Brasil: (1) a Bíblia da LEB, posteriormente, chamada de Bíblia, Mensagem de Deus, e (2) a Bíblia Sagrada da Editora Vozes. As outras duas são traduções de edições estrangeiras: (3) a Bíblia Ave-Maria e (4) a Bíblia Sagrada do Pontifício Instituto Bíblico. Com exceção desta última, as outras três ainda continuam sendo publicadas.

---

[49] *Bíblia Sagrada* (1967), p. 4.
[50] De acordo com J. E. M. Terra, no entanto, a tradução é "muito defeituosa". J. E. M. Terra, *A Bíblia e a evangelização do Brasil*, p. 27.
[51] F. P. Richtmann, O atual movimento bíblico católico no Brasil, p. 97.

CAPÍTULO 5

As traduções da Bíblia feitas no Brasil nas décadas de 1970 e 1980

A questão assinalada ao final do capítulo anterior também pode ser levantada para este capítulo, que compreende as décadas de 1970 e 1980: a edição da Bíblia tem sua origem em um trabalho feito no Brasil ou no exterior? De fato, esse é o período em que dois importantes projetos bíblicos internacionais chegam ao Brasil: A Bíblia de Jerusalém e a Tradução Ecumênica da Bíblia. Também a Nova Versão Internacional surge de um projeto mais amplo, internacional, mas com características diferentes dos dois citados anteriormente. Há, contudo, outra questão que também caracteriza esse período, que é o registro linguístico a ser usado em uma tradução da Bíblia. A Bíblia na Linguagem de Hoje e sua sucessora, a Nova Tradução na Linguagem de Hoje, a Bíblia Pastoral e a Nova Versão Internacional são traduções que mais acentuadamente colocam essa questão, como se verá a seguir.

5.1. A Bíblia na Linguagem de Hoje e a Bíblia Sagrada: Nova Tradução na Linguagem de Hoje

Essas duas edições da Bíblia estão em linha de sucessão, a segunda tendo sua origem na primeira, publicada a partir de 1973, em uma edição do Novo Testamento: *A Bíblia na linguagem de hoje. O Novo Testamento* (Rio de Janeiro: Sociedade Bíblica do Brasil, 1973).[1] Essa edição caracteriza-se por seu estilo de tradução,

---
[1] *A Bíblia na linguagem de hoje* (1973), p. I.

81

que pretendia apresentar a Bíblia na linguagem falada pelo povo e, consequentemente, por sua opção de traduzir pelo sentido, de uma maneira compreensível aos leitores. O prefácio à primeira edição explicitava que o texto grego fora traduzido da segunda edição, de 1970, de *The Greek New Testament*, das Sociedades Bíblicas Unidas.[2] Apesar de ter sido feita pela Sociedade Bíblica do Brasil, essa edição da Bíblia teve seu uso oficialmente permitido aos católicos por uma nota reproduzida em sua primeira edição, assinada por dom Mário Teixeira Gurgel, responsável pelo Setor de Diálogo Religioso da Conferência Nacional dos Bispos do Brasil (CNBB). A nota é a seguinte:

> Tendo em vista o parecer da Comissão de biblistas, que julgou a presente edição de "A BÍBLIA NA LINGUAGEM DE HOJE – O NOVO TESTAMENTO" estar de acordo com o texto original grego, aprovamos o uso da mesma por todos os católicos de língua portuguesa.[3]

Essa publicação do Novo Testamento conheceu uma segunda edição em 1975, uma terceira edição em 1979 e uma quarta edição em 1988. No ano de 1988, também surgia a publicação de toda a Bíblia.[4] Essa tradução foi feita pela Sociedade Bíblica do Brasil, que estava publicando apenas a tradução de João Ferreira de Almeida, em suas diversas recensões. O motivo que teria levado à sua publicação seriam os desafios da evangelização, ou seja, trata-se de uma publicação de caráter pastoral. De acordo com o prefácio da edição, "se fazia necessária uma tradução bíblica apropriada ao desafio evangelístico que a realidade espiritual brasileira impunha".[5]

---

[2] *A Bíblia na linguagem de hoje* (1973), p. IV.
[3] *A Bíblia na linguagem de hoje* (1973), p. V.
[4] *A Bíblia Sagrada: tradução na linguagem de hoje* (1988), p. II.
[5] *Bíblia Sagrada: nova tradução na linguagem de hoje* (2005), prefácio.

Contudo, não se trata apenas de uma questão de "realidade espiritual brasileira". Esse mesmo prefácio continua afirmando que, "tendo como objetivo principal a evangelização do povo brasileiro, esta tradução deveria ser adequada ao nível educacional médio da população".[6]

Na introdução à edição completa da Bíblia, há uma explicação de quais são as características dessa tradução:

> Esta nova tradução em português se caracteriza pelo seguinte: (1) É fiel ao sentido dos textos hebraicos, aramaicos e gregos. Nas passagens em que o texto não é claro, seguem-se as versões antigas ou dá-se uma tradução baseada no texto sugerido pela maioria dos especialistas bíblicos. (2) O sentido do texto é dado em palavras e formas do português falado hoje no Brasil. Foi feito todo o esforço para que a linguagem fosse simples, clara, natural e sem ambigüidades. (3) A fidelidade na tradução inclui a conservação dos aspectos históricos e culturais do texto original, evitando-se a modernização do texto. Porém algumas coisas, como as horas do dia e as medidas de peso, capacidade, distância e área, são dados nos seus equivalentes modernos. Isso porque a informação contida nesses termos tem para o leitor maior valor do que suas formas bíblicas. E, se uma figura de linguagem corre o risco de não ser entendida pelo leitor, ela é substituída por outra ou então o seu sentido é dado em linguagem direta.[7]

A edição inclui vários tipos de notas marginais: notas de crítica textual, traduções alternativas, informações culturais e históricas e esclarecimentos sobre o significado de alguma palavra. Algumas notas remissivas enviam o leitor para um vocabulário no final do volume. No pé de página, estão as referências a passagens paralelas, que abordam um mesmo tema. Há ainda, nas primeiras páginas, um índice dos livros da Bíblia acompanhado

---

[6] *Bíblia Sagrada: nova tradução na linguagem de hoje* (2005), prefácio.
[7] *A Bíblia Sagrada: tradução na linguagem de hoje* (1988), p. V.

de outro índice, em ordem alfabética, das abreviaturas dos nomes dos livros bíblicos; nas últimas páginas, há uma tabela cronológica e um índice de assuntos. Espalhados pelo texto e nas páginas finais há vários mapas.[8]

Para o tetragrama divino, essa edição usa os títulos "o Deus Eterno" ou o "Eterno". No Antigo Testamento, o termo "Senhor" é utilizado para traduzir o que, em hebraico, significa "senhor" ou "dono". A situação do Novo Testamento é diferente. Ali, o termo "Senhor" é usado tanto para o Pai como para o Filho, de acordo com o uso do termo grego correspondente.[9]

Um processo de revisão dessa edição, coordenado pela Comissão de Tradução da Sociedade Bíblica do Brasil, deu origem à *Nova Tradução na Linguagem de Hoje*. A edição surgiu no ano 2000. O princípio que guiou essa tradução foi o mesmo que norteou a Tradução na Linguagem de Hoje, que, segundo seus editores, chama-se de princípio da "equivalência funcional" (também conhecido como princípio da "equivalência dinâmica"). Segundo esse princípio, busca-se reproduzir, na tradução, o sentido do texto, deixando de lado sua forma.[10]

As mudanças introduzidas na Nova Tradução na Linguagem de Hoje em relação à Tradução na Linguagem de Hoje foram bastante profundas. O Novo Testamento foi completamente revisado e, para o Antigo Testamento, a revisão mais profunda foi a do livro dos Salmos. Algumas passagens que apareciam em nota de rodapé foram integradas ao texto, como, por exemplo, os títulos dos Salmos e, no Novo Testamento, aqueles versículos que não constam nos manuscritos mais antigos. Esses últimos foram integrados ao texto, mas mantidos entre colchetes. Quanto ao nome de Deus, foram abandonadas as formas "Deus Eterno" e "Eterno", da

---

[8] *A Bíblia Sagrada: tradução na linguagem de hoje* (1988), p..VI.
[9] *A Bíblia Sagrada: tradução na linguagem de hoje* (1988), p. V-VI.
[10] *Bíblia Sagrada: nova tradução na linguagem de hoje*, 2005, prefácio.

Tradução na Linguagem de Hoje, substituídas por "Senhor Deus", "Deus, o Senhor", e "Senhor" na Nova Tradução na Linguagem de Hoje. Essa modificação afetou aproximadamente sete mil passagens do Antigo Testamento.[11]

Pode-se dizer que a Bíblia na Linguagem de Hoje e sua sucessora, a Nova Tradução na Linguagem de Hoje, são um contraponto à tradução de João Ferreira de Almeida, uma vez que essa nova iniciativa buscou suprir o que aparecia como uma lacuna da tradução de Ferreira: a linguagem distante do modo de falar da maioria da população brasileira.[12] O resultado obtido, no entanto, desde seu primeiro aparecimento gerou polêmica. Também o texto dessa edição da Bíblia é acessível pela internet no sítio da Sociedade Bíblica do Brasil: www.sbb.org.br.

Assim como tinha acontecido com a Tradução na Linguagem de Hoje, também houve uma edição católica da Nova Tradução na Linguagem de Hoje, feita por Paulinas Editora, em 2005, incluindo os livros deuterocanônicos do Antigo Testamento. A tradução dos livros deuterocanônicos foi feita sob a responsabilidade das Sociedades Bíblicas Unidas, a partir do texto da *Septuaginta* de A. Ralfs, com exceção do livro do Eclesiástico, traduzido a partir do texto grego editado por Joseph Ziegler.[13]

A edição católica não traz um *imprimatur* propriamente dito, mas uma declaração de que "[n]ada impede que a 'Bíblia Sagrada – Nova Tradução na Linguagem de Hoje' seja usada pelos católicos", assinada por dom Eugène Lambert Adrian Rixen, bispo de Goiás e presidente da Comissão Episcopal Pastoral para a Animação Bíblico-Catequética, e uma autorização para sua impressão, assinada pelo cardeal Geraldo Majella Agnelo, arcebispo de São Salvador e presidente da CNBB.[14] Além disso, o prefácio traz tre-

---

[11] *Bíblia Sagrada: nova tradução na linguagem de hoje*, 2005, prefácio.
[12] *Bíblia Sagrada: nova tradução na linguagem de hoje*, 2005, prefácio.
[13] *Bíblia Sagrada: nova tradução na linguagem de hoje*, 2005, prefácio.
[14] *Bíblia Sagrada: nova tradução na linguagem de hoje*, 2005, página de rosto.

chos de uma recomendação para o uso dessa edição pelos fiéis católicos de língua portuguesa do Brasil e da África, dada por dom Francisco Javier Hernández Arnedo, bispo responsável pela dimensão bíblico-catequética da CNBB em 2003.[15]

5.2. Bíblia Sagrada, tradução dos Missionários Capuchinhos de Portugal, adaptada para o Brasil

Há pouca informação sobre essa edição da Bíblia no Brasil. A tradução é feita a partir dos textos em seus idiomas originais, em Portugal. De acordo com J. E. M. Terra, a edição brasileira foi feita a partir da oitava edição portuguesa, de 1978. A adaptação da tradução ao Brasil diz respeito à ortografia e à linguagem. A edição foi publicada pela Editora Santuário, de Aparecida, de 1982 a 1987.[16]

5.3. Bíblia Sagrada: Nova Versão Internacional

Essa edição é publicada pela Sociedade Bíblica Internacional, que, em 1990, reuniu um grupo que trabalhou no projeto por cerca de dez anos. Eram quase vinte estudiosos, de diferentes especialidades teológicas e linguísticas, e de diferentes segmentos denominacionais, brasileiros e estrangeiros (estadunidenses, ingleses e holandeses). A equipe fez diversas reuniões, em São Paulo, Campinas, Atibaia, Caraguatatuba, Curitiba, São Bento do Sul, Miami, Dallas, Denver e Colorado Springs.[17]

A dinâmica do grupo tinha início no trabalho individual dos tradutores. As questões mais difíceis e teologicamente mais relevantes eram tratadas em conjunto pela comissão de tradução. O objetivo era produzir uma tradução que aliasse precisão, beleza de estilo, clareza e dignidade. A necessidade de uma nova tradu-

---

[15] *Bíblia Sagrada: nova tradução na linguagem de hoje*, 2005, prefácio.
[16] J. E. M. Terra, *A Bíblia e a evangelização do Brasil*, p. 27.
[17] *Bíblia Sagrada: nova versão internacional*, prefácio.

ção em língua portuguesa foi justificada, no prefácio da edição, pela dinâmica constante da língua e pelo aperfeiçoamento dos estudos bíblicos.[18]

A Nova Versão Internacional se apresenta como "uma tradução evangélica, fiel e contemporânea".[19] Nem erudita, nem popular, a tradução evita regionalismos, termos vulgares, anacronismos e arcaísmos. O nível de formalidade da linguagem foi definido segundo o contexto. Quanto à sintaxe, a tradução optou por organizar os versículos em períodos breves, sem renunciar à clareza na língua portuguesa, nem buscar reproduzir a estrutura das línguas originais.[20] Como forma de tratamento, a versão dá preferência ao mais coloquial "você".

Mais polêmica é a pretensão de imparcialidade teológica da tradução:

> Por ser versão evangélica, a NVI apresenta uma tradução livre de interpretações particulares e denominacionais. No que diz respeito a questões menores que marcam a diversidade do mundo evangélico, a NVI não se permitiu traduzir nenhum texto bíblico com a intenção de ajustá-lo à doutrina particular de qualquer denominação ou corrente teológica.[21]

Há notas de rodapé de quatro tipos: (a) de crítica textual, com a apresentação de leituras alternativas, (b) com traduções alternativas, ou (c) com opções mais literais de tradução, e (d) notas explicativas. Os pesos e medidas foram adequados aos padrões atuais.[22]

A Nova Versão Internacional segue os mesmos princípios da *New International Version*, e assumiu muito de sua contribuição

---

[18] *Bíblia Sagrada: nova versão internacional*, prefácio.
[19] *Bíblia Sagrada: nova versão internacional*, prefácio.
[20] *Bíblia Sagrada: nova versão internacional*, prefácio.
[21] *Bíblia Sagrada: nova versão internacional*, prefácio.
[22] *Bíblia Sagrada: nova versão internacional*, prefácio.

exegética. A comissão de tradução da Nova Versão Internacional, contudo, sempre teve independência em relação à *New International Version*, podendo fazer suas próprias escolhas exegéticas, ainda que distintas daquelas da versão inglesa.[23]

5.4. Tradução do Novo Mundo das Escrituras Sagradas

É a edição da Bíblia das Testemunhas de Jeová. Sua primeira edição para o Brasil é de 1967: *Tradução do Nôvo Mundo das Escrituras Sagradas: tradução da versão inglêsa de 1961 mediante consulta constante ao antigo texto hebraico, aramaico e grego*. A edição brasileira foi a primeira edição em português, de 650.000 exemplares. A impressão foi feita nos Estados Unidos por Watchtower Bible and Tract Society de Nova York e International Bible Students Association também de Nova York.[24]

Em 1986, houve uma segunda edição: *Tradução do Novo Mundo das Escrituras Sagradas: tradução da versão inglesa de 1984 mediante consulta constante ao antigo texto hebraico, aramaico e grego*. Essa edição foi impressa no Brasil, em Cesário Lange (SP), pela Associação Torre de Vigia.[25]

5.5. A Bíblia de Jerusalém

A Bíblia de Jerusalém é o nome da edição da Bíblia da Escola Bíblica de Jerusalém, um trabalho iniciado nos anos de 1950. O núcleo de produção dessa edição era formado por professores da Escola Bíblica de Jerusalém, ao qual vieram juntar-se biblistas provenientes de outros centros de estudo. Publicada originalmente em francês, essa obra logo conheceu edições em outras línguas: alemão, espanhol, inglês e italiano. A tradução ao português foi feita no Brasil.

---

[23] *Bíblia Sagrada: nova versão internacional*, prefácio.
[24] *Tradução do Nôvo Mundo* (1967).
[25] *Tradução do Novo Mundo* (1986).

O trabalho da edição brasileira começou em 1971, quando as Edições Paulinas fizeram os primeiros contatos com a Escola Bíblica. Esses contatos aconteceram em Paris. Da parte da Escola Bíblica, estava presente F. Refoulé. Na ocasião, foi indicado o nome de frei Gilberto da Silva Gorgulho, frade dominicano, para coordenar os trabalhos da tradução brasileira. A partir desse contato, a equipe brasileira de tradutores começou a ser formada, com seus membros sendo aprovados pela Escola Bíblica.[26]

Uma vez formada a equipe brasileira de tradutores, houve um primeiro encontro da equipe em 23 de março de 1973, na gráfica das Edições Paulinas, em São Paulo. Participaram dessa reunião: Gilberto Gorgulho, Ana Flora Anderson, Emanuel Bouzon, Theodoro Henrique Maurer Junior, Isaac Nicolau Salum, Estêvão Bettencourt, Calisto Vendrame, Joaquim de Arruda Zamith e Ivo Storniolo.

Posteriormente, entraram para a equipe de tradutores do Novo Testamento: Jorge César Mota, José Raimundo Vidigal, Domingos Zamagna e as monjas beneditinas da Abadia de Santa Maria, em São Paulo.[27] Para a equipe de tradutores do Antigo Testamento vieram os seguintes biblistas: Benjamin Carreira de Oliveira, José Raimundo Vidigal, Luiz Inácio Stadelmann, Ney Brasil Pereira e Samuel Martins Barbosa.[28]

A Escola Bíblica de Jerusalém fez algumas exigências para a equipe brasileira: (1) o texto deveria ser traduzido dos idiomas originais; (2) a tradução deveria seguir as opções de crítica textual da edição original francesa da Bíblia de Jerusalém, conforme edição revista de 1973; (3) as introduções e notas também deveriam ser traduzidas da edição francesa.[29]

---

[26] Um trabalho pioneiro, p. 3; A Bíblia de Jerusalém, p. 7.
[27] Um trabalho pioneiro, p. 3.
[28] A Bíblia de Jerusalém, p. 8.
[29] Um trabalho pioneiro, p. 3.

A equipe se reuniu diversas vezes com o objetivo de dar homogeneidade ao trabalho e resolver, em conjunto, as dificuldades encontradas. Uma dessas reuniões, em 24 de agosto de 1974, contou com a presença de Jerome Murphy-O'Connor, frade dominicano, professor da Escola Bíblica de Jerusalém.[30]

Segundo seu próprio testemunho, para o trabalho de tradução, frei Gorgulho cotejava suas traduções com a tradução de João Ferreira de Almeida, e com as traduções do Novo Testamento de Huberto Rohden e de Lincoln Ramos.[31]

Uma vez terminadas as traduções, formou-se uma equipe de revisão exegética com Gilberto Gorgulho, Ivo Storniolo e Ana Flora Anderson. Essa equipe confrontou toda a tradução do Novo Testamento com o texto grego e fez a harmonização em sinopse dos evangelhos sinóticos.[32] O nome desses três biblistas aparece sob o título de *coordenadores* nas páginas iniciais da edição da Bíblia de Jerusalém de 1981.[33]

Em seguida, veio o trabalho de revisão literária, que ficou a cargo de Antônio Cândido de Mello e Souza, Alfredo Bosi e Antônio da Silveira Mendonça, todos três professores doutores da FFCLH da USP, e ainda Antônio Flávio de Oliveira Pierucci, professor do CEBRAP. Uma vez concluído o trabalho de revisão literária, as observações feitas por esses revisores foram retomadas pela equipe de revisão exegética.[34]

Posteriormente, outras pessoas foram chamadas para participar da equipe de revisão literária: José Carlos Cintra de Souza, Flávio di Giorgio, João Pedro Mendes, Luiz Antônio Miranda, Valter Kehdi e Myriam Carvalho dos Santos. Houve ainda um traba-

---

[30] Um trabalho pioneiro, p. 3.
[31] Entrevista concedida por Ana Flora Anderson e frei Gilberto da Silva Gorgulho, em 13 Dez 2010.
[32] Um trabalho pioneiro, p. 3.
[33] A *Bíblia de Jerusalém*, p. 8.
[34] Um trabalho pioneiro, p. 3.

lho de transcrição de nomes próprios, empreendido por Euclides Martins Balancin, Otto Skrzypczak e Ludovico Garmus.[35]

Em março de 1976, era lançado o Novo Testamento da Bíblia de Jerusalém.[36] Um mês depois, em abril de 1976, era feita a segunda reimpressão e, em agosto desse mesmo ano, a terceira reimpressão. A quarta reimpressão veio em agosto de 1978; a quinta em agosto de 1979, e a sexta em outubro de 1979.[37]

A edição completa de toda a Bíblia apareceu em 1981.[38] Em setembro de 1985, aparecia uma edição revista da própria edição brasileira. Essa revisão teve como ponto de partida as observações de alguns especialistas em Sagrada Escritura e de muitos leitores enviadas ao comitê editorial. Essas observações passaram pela equipe de revisão exegética e deram ocasião para uma nova revisão literária de toda a tradução.[39]

Essa edição revista teve sucessivas reimpressões: a segunda em dezembro de 1985; a terceira em outubro de 1987; a quarta em agosto de 1989.[40] Em 2002, a Paulus Editora publicou a *Bíblia de Jerusalém: nova edição revista e ampliada*, baseada na edição francesa revisada de 1998.[41]

O surgimento da Bíblia de Jerusalém foi, certamente, um marco na história dos estudos bíblicos. Essa edição tinha o objetivo de divulgar os conhecimentos sobre a Sagrada Escritura que os estudiosos tinham alcançado, de modo especial, no campo do método histórico-crítico. Isso se percebia nas notas, nas introduções, nas indicações das referências paralelas e nos diversos apêndices

---

[35] A *Bíblia de Jerusalém*, p. 8. Euclides M. Balancin, Otto Skrzypczak e Ludovico Garmus também aparecem como os responsáveis pela transcrição dos nomes próprios da Bíblia Vozes, sob a orientação do acadêmico Antônio Houaiss. *Bíblia Sagrada* (1988), p. 4.
[36] Um trabalho pioneiro, p. 3.
[37] A *Bíblia de Jerusalém: Novo Testamento* (1979), p. 4.
[38] A *Bíblia de Jerusalém: Novo Testamento* (1981), p. 7-8.
[39] A *Bíblia de Jerusalém: nova edição, revista* (1985), p. 5.
[40] A *Bíblia de Jerusalém: nova edição, revista* (1985), p. 2.
[41] *Bíblia de Jerusalém: nova edição, revista e ampliada*, p. 5.

que acompanham as edições da Bíblia de Jerusalém. O momento era propício para o aparecimento de uma edição da Bíblia com essas feições e logo a Bíblia de Jerusalém conheceu uma ampla difusão em várias línguas. Ela é uma edição da Bíblia usada por professores e estudantes de Teologia, tendo também chegado ao público em geral.

Na equipe brasileira de tradutores da Bíblia de Jerusalém, havia cristãos não católicos. Na apresentação da edição de 1981, os editores destacam esse fato:

> Esta edição brasileira foi ocasião para experimentarmos uma fraternal ajuda ecumênica. Vários livros foram traduzidos por nossos Irmãos Protestantes cujos nomes estão indicados na lista dos tradutores. A eles queremos agradecer de público por sua bondade, paciência, e por sua liberalidade em aceitar as opções e opiniões da Bíblia de Jerusalém.[42]

Em entrevista, frei Gorgulho destacou o fato de que, à época da edição brasileira da Bíblia de Jerusalém, os tradutores estavam influenciados pelo espírito da *Dei Verbum*.[43]

Para a Bíblia de Jerusalém, os textos foram traduzidos dos idiomas originais hebraico, aramaico e grego. A apresentação da edição de 1981 assinala que, para os livros em hebraico e aramaico do Antigo Testamento, foi utilizado o texto massorético, ou seja, o texto estabelecido entre os séculos VIII e IX pelos massoretas, que fixaram sua grafia e vocalização. É esse o texto que passou a ser reproduzido pela maioria dos manuscritos. A tradução da Bíblia de Jerusalém afasta-se desse texto somente nos casos em que aparecem dificuldades insuperáveis. Recorre-se, então, a outros manuscritos hebraicos e às versões antigas, principalmente a gre-

---

[42] *A Bíblia de Jerusalém*, p. 7.
[43] Entrevista concedida por Ana Flora Anderson e frei Gilberto da Silva Gorgulho, em 13 Dez 2010.

ga, a latina e a siríaca. Nesses casos, as correções são assinaladas em notas. Para os livros deuterocanônicos do Antigo Testamento e para o Novo Testamento, foi utilizado "o texto estabelecido na época moderna por um trabalho crítico sobre as principais testemunhas manuscritas da tradição, também com o auxílio das versões antigas". Nos casos em que a tradição apresenta formas textuais diversas, foi escolhida a leitura mais segura, sendo as variantes indicadas em nota, ou porque oferecem alguma probabilidade, ou pela sua importância.[44]

Procurou-se reduzir as possibilidades de tradução de um termo ou expressões, levando-se, contudo, em consideração a variedade de sentidos que um mesmo termo pode ter, variedade nem sempre equivalente em português. Também se buscou respeitar as exigências do contexto. Vale como princípio que uma tradução servil e, excessivamente, literal pode falsear o real significado do termo, expressão ou frase que está sendo traduzido. Por outro lado, um termo técnico cujo sentido é unívoco foi traduzido sempre pelo mesmo equivalente em português. "Quando necessário, preferiu-se a fidelidade ao texto a uma qualidade literária que não seria a do original".[45]

Para os nomes próprios, seguiu-se a forma dada pela mediação da Vulgata e da Neovulgata, segundo uma regra básica de que "palavras aramaicas, hebraicas ou de outras línguas que entraram na Bíblia sejam aportuguesadas como se, antes, tivessem sido helenizadas e latinizadas ou, ao menos, latinizadas" (A. Houaiss). Houve algumas exceções a essa regra, tais como Negueb, Meguido, Guilgal.[46]

O aparato intertextual da Bíblia de Jerusalém inclui, no início e no final da encadernação, no lado interno da capa e contracapa,

---

[44] A Bíblia de Jerusalém, p. 15.
[45] A Bíblia de Jerusalém, p. 15.
[46] A Bíblia de Jerusalém, p. 15.

mapas em cores representando a altitude e isoietas pluviométricas. Nas páginas iniciais, há duas listas, uma dos livros da Bíblia Hebraica e outra dos livros da Bíblia Grega. Há introduções gerais a conjuntos de escritos e notas explicativas ao longo do texto, no pé de página. Nas margens, são indicados os lugares paralelos. Como apêndices, aparecem um quadro cronológico, informações sobre calendário, medidas e moedas, e uma lista alfabética das notas mais importantes. As edições mais antigas da Bíblia de Jerusalém circularam com um suplemento chamado *Os mil recursos da Bíblia de Jerusalém*, de W. Gruen, que explicava como utilizar todo o aparato intertextual que essa edição traz.

5.6. Tradução Ecumênica da Bíblia (TEB)

É a versão brasileira da *Traduction Oecuménique de la Bible* (TOB), de 1972, feita por um importante grupo de biblistas de várias igrejas cristãs, em sua maioria franceses. A apresentação dessa edição recorda iniciativas passadas para chegar a uma tradução da Bíblia comum a diversas igrejas cristãs, mas que não atingiram seu objetivo. Já a iniciativa de produzir a TEB encontrou condições históricas favoráveis, e o empreendimento tornou-se realidade. Três fatores históricos contribuíram para isso.

O primeiro foi o desenvolvimento das ciências bíblicas, de modo especial, nos campos das análises filológica, literária e histórica. Juntem-se a isso os contatos pessoais entre biblistas por ocasião de encontros internacionais e interconfessionais. O segundo fator foi o clima favorável de diálogo criado pelo movimento ecumênico, que teve como um de seus fundamentos o interesse comum pela Sagrada Escritura. Enfim, o terceiro fator foi o impulso missionário experimentado por várias igrejas cristãs, para o qual o reavivamento bíblico foi determinante. Embora, havendo essa confluência de fatores positivos, a TEB não tinha a pretensão nem de substituir as traduções em uso nas várias igrejas, nem de pôr fim às divergências doutrinais que separam as igrejas cristãs.[47]

---

[47] *Tradução ecumênica da Bíblia*: Novo Testamento, p. 5.

Em 1963, os promotores do projeto procuraram as *Edições du Cerf* e as *Sociedades Bíblicas*, que se comprometeram a publicar o trabalho que seria realizado. O modelo de edição seria o da Bíblia de Jerusalém, que já era publicada pelas *Edições du Cerf*. No entanto, para chegar à publicação, houve muito trabalho. Cada texto foi traduzido e anotado por uma equipe ecumênica de tradutores e submetido a diversas revisões de outros biblistas, teólogos, revisores literários, membros dos comitês de coordenação e dirigentes da Aliança Bíblica Universal e do Secretariado Francês para a Unidade dos Cristãos. A versão definitiva, porém, cabia aos tradutores de cada escrito, aos quais chegavam as observações dos consultores e os pareceres dos dirigentes do projeto. Essa metodologia de trabalho imprimiu certa característica à tradução: a seu tempo, ela era a mais nova tradução, mas também a menos original, uma vez que o caráter coletivo da obra excluía opções pessoais e certas liberdades que poderiam ser exatamente a causa do interesse por outras traduções.[48]

O texto traduzido foi, para o Antigo Testamento, a Bíblia Hebraica, editada por R. Kittel em 1937, e, para os escritos deuterocanônicos, a Septuaginta, editada por A. Rahlfs em 1935. Para o Novo Testamento, o texto da 25ª edição de Nestle-Aland, de 1962 ou da edição das Sociedades Bíblias Unidas (GNT), de 1966.[49]

Para o Antigo Testamento, foi seguida a ordem dos livros da Bíblia Hebraica, mesmo que essa não seja a ordem usual para os cristãos, seguidos dos livros deuterocanônicos. Para o livro de Ester, há dupla tradução: uma segundo o texto hebraico, outra segundo o texto grego. Para o livro de Daniel, as adições em grego foram inseridas no próprio corpo do texto, em caracteres itálicos. A tradução dos livros em hebraico seguiu a forma textual da tradição massorética, por dois motivos: pela sua qualidade textual e

---

[48] *Tradução ecumênica da Bíblia*: Novo Testamento, p. 5-6.
[49] *Bíblia: tradução ecumênica*, p. X.

como uma forma de abertura ao judaísmo. Os poucos casos em que o texto massorético não é seguido são assinalados em nota.[50]

No decorrer do trabalho, não faltaram divergências pessoais que foram resolvidas pelo confronto honesto e fraterno. Quanto às divergências entre as igrejas, cujos membros participaram desse projeto, percebeu-se que nem mesmo a principal dentre elas – as diferentes concepções a respeito da relação entre Escritura, Tradição e Igreja, no catolicismo, protestantismo e na Igreja Ortodoxa – são empecilho para chegar a uma tradução comum da Escritura.[51]

Ao final, a tradução foi publicada sob duas formas. A primeira, publicada pela Aliança Bíblica Universal em coedição com as Edições *du Cerf*, traz o texto da tradução com um aparato intertextual reduzido: breves introduções, referências paralelas e notas explicativas sobre questões de tradução, história e geografia. A segunda, uma edição integral, publicada pelas Edições *du Cerf* em coedição com a Sociedade Bíblica Francesa, com introduções e notas mais extensas.[52]

A tradução brasileira é publicada pelas Edições Loyola. O Novo Testamento foi publicado em 1987. O responsável pela edição brasileira foi Gabriel C. Galache, com a colaboração de Maurício Ruffier, Nércio Rodrigues, Antônio Charbel, Ney Brasil Pereira, José Isabel da Silva Campos e Joaquim Salvador.[53]

A Bíblia completa saiu em 1994. Colaboraram nessa edição: L. J. Baraúna, G. Belinatto, E. Bettencourt, D. Dutra, J. L. Gaio, R. Girola, G. Gorgulho, J. Konings, H. de S. Lima, J. Maraschin, M. Marcionilo, I. J. Nery, M. Oliva, E. Q. de Oliveira, R. P. de Paiva, I. O. Preto, N. Rodrigues, I. L. Stadelmann, J. E. Terra, A. Vanucchi, além dos colaboradores já mencionados na edição do Novo Testa-

---

[50] *Bíblia: tradução ecumênica*, p. X.
[51] *Tradução ecumênica da Bíblia*: Novo Testamento, p. 6-7.
[52] *Bíblia: tradução ecumênica*, p. IX-X.
[53] *Tradução ecumênica da Bíblia*: Novo Testamento, p. 3.

mento. Colaboraram como consultores: V. Cipriani, C. Grimaldi, W. Gruen, C. Frainer, W. Rehfeld.[54]

A edição brasileira foi feita a partir da terceira edição francesa, de 1989, traduzindo ao português as introduções e notas. O texto bíblico também é uma tradução da edição francesa, mas cotejado com os textos nas línguas originais: hebraico, aramaico e grego. Para os nomes próprios, foram usadas as formas mais tradicionais em português para pessoas e lugares mais conhecidos. Para os menos conhecidos, foi usada uma forma hebraicizada, quando se trata de ocorrência do Antigo Testamento hebraico. Há uma lista de equivalência para os nomes próprios. A versão portuguesa da TEB foi a primeira versão da edição francesa para outra língua, uma vez que as versões que surgiram anteriormente foram adaptações das introduções e notas a uma tradução já existente.[55]

A edição da Bíblia traz uma *recomendação* dirigida "aos leitores desejosos de aprofundar o conhecimento da Palavra de Deus consignada na Bíblia, Escritura Sagrada do Judaísmo e do Cristianismo, patrimônio da humanidade".[56] Assinam a recomendação: dom Luciano Mendes de Almeida, presidente da CNBB e arcebispo de Mariana, e Glauco S. de Lima, bispo primaz da Igreja Episcopal Anglicana do Brasil e presidente do Conselho Nacional de Igrejas Cristãs.[57]

O aparato intertextual da edição inclui uma série de mapas no início e no final da encadernação, introduções a grupos de escritos bíblicos e a cada escrito em particular, notas de rodapé, referências marginais de lugares paralelos, e, no final, um quadro cronológico, uma tabela de pesos e medidas, e um índice das principais notas.

---

[54] *Bíblia: tradução ecumênica*, p. II.
[55] *Bíblia: tradução ecumênica*, p. XII-XIII.
[56] *Bíblia: tradução ecumênica*, p. III.
[57] *Bíblia: tradução ecumênica*, p. III.

Em 1996, as Edições Loyola, em parceria com as Edições Paulinas, lançou uma edição simplificada da TEB, a exemplo do que já se fazia na França, com introduções mais breves e as notas de rodapé reduzidas ao essencial, de modo especial do ponto de vista pastoral e catequético.[58] Essa edição, contudo, já deixou de ser publicada.

5.7. Bíblia Sagrada: Edição Pastoral e a Nova Bíblia Pastoral

A publicação da Bíblia Sagrada: edição pastoral começou em 1986, com a publicação do Novo Testamento: *Bíblia Sagrada: Novo Testamento: Edição Pastoral* (São Paulo: Edições Paulinas, 1986). Os biblistas engajados no projeto foram Ivo Storniolo, Euclides Martins Balancin e José Bortolini. A revisão literária foi de José Dias Goulart e a direção editorial de José Bortolini. A capa da edição traz uma ilustração do artista Cláudio Pastro, denominada "Caminhada para Jerusalém".[59]

Em 1990, era publicada a *Bíblia Sagrada: Edição Pastoral*. Na época, a publicação era feita pelas Edições Paulinas, passando, em seguida, para a Editora Paulus. Os biblistas que participaram do projeto são os já mencionados para a edição do Novo Testamento, aos quais veio se somar José Luís Gonzaga Prado, responsável por diversos escritos do Antigo Testamento.[60]

A edição traz diversos mapas. Nas contracapas da frente e de trás, os mapas são os mesmos que a Editora Paulus utilizou na edição da Bíblia de Jerusalém, mapas de estudo, com cores indicando a altitude do relevo e isoietas pluviométricas. Há introduções gerais a conjuntos importantes de escritos bíblicos e a cada escrito bíblico. O texto é dividido em seções, com títulos que pretendem apontar o tema central das respectivas seções por eles

---

[58] A Bíblia: tradução ecumênica, p. 5.
[59] Bíblia Sagrada, Novo Testamento, edição pastoral, p. IV.
[60] Bíblia Sagrada, edição pastoral (1990).

abrangidas. As notas ao longo do texto referem-se a um conjunto de versículos. Nas últimas páginas, há alguns apêndices: um cronograma de datas importantes, um "pequeno vocabulário" e um elenco de leituras bíblicas para o ano litúrgico.

A Bíblia Sagrada, Edição Pastoral tornou-se conhecida pela sua tradução em uma linguagem mais simples, utilizando "você" como forma de tratamento, mas, sobretudo, por suas notas explicativas, que é onde melhor aparece o princípio que orientou a publicação: "Ler os Livros Sagrados à luz da realidade desafiadora do nosso país e do nosso continente."[61] O projeto é inteiramente brasileiro, tanto a tradução, feita a partir das línguas originais, quanto as introduções, apresentação do texto e notas.[62]

Em 2014, surgiu a *Nova Bíblia Pastoral*. Participaram dessa edição como tradutores: Antonio Carlos Frizzo, Donizete Scardelai, José Ademar Kaefer, Luiz Gonzaga do Prado, Paulo Bazaglia e Pedro Lima Vasconcellos. As introduções e notas ficaram a cargo de Antonio Carlos Frizzo, Carlos Mesters, Francisco Orofino, José Ademar Kaefer, Luiz José Dietrich, Maria Antônia Marques, Paulo Bazaglia, Pedro Lima Vasconcellos, Rafael Rodrigues da Silva, Shigeyuki Nakanose e Valmor da Silva. A revisão literária foi de José Dias Goulart. A direção editorial e revisão exegética são de Paulo Bazaglia. A capa da Nova Bíblia Pastoral também é de Cláudio Pastro.[63]

Na apresentação da Nova Bíblia Pastoral, aparece a afirmação de que essa edição não é uma simples revisão da Bíblia Sagrada, Edição Pastoral, mas sim uma nova edição, o que implicou nova tradução, novas notas e novas introduções. Por outro lado, a continuidade com o projeto anterior estaria no mesmo propósito de colocar à disposição das comunidades uma tradução da Bíblia de fácil compreensão.

---

[61] *Bíblia Sagrada: edição pastoral*, p. 5.
[62] *Bíblia Sagrada: edição pastoral*, p. 5.
[63] *Nova Bíblia Pastoral*, p. 4.

Na mesma apresentação, também é afirmado que a tradução, embora procure ser o mais simples possível, também se utiliza de termos que não são tão fáceis de ser compreendidos, os quais são explicados em notas. As notas, por sua vez, tomadas em seu conjunto, têm como objetivo apresentar informações essenciais que ajudem na compreensão e atualização do texto. Assim como a Bíblia Pastoral, a Nova Bíblia Pastoral se inscreve no contexto de um tipo de leitura específica do texto bíblico. Introduções e notas "querem ajudar as comunidades com uma hermenêutica que leve ao compromisso pessoal e comunitário para a transformação da mente e da sociedade".[64]

A Nova Bíblia Pastoral é ainda uma edição muito recente e permanece a dúvida sobre se ela irá suscitar tantas polêmicas quanto sua antecessora, a Bíblia Pastoral, suscitou, de modo especial quanto à linha hermenêutica de suas introduções e notas.

De um modo geral, as décadas de 1970 e 1980 foram fecundas do ponto de vista das edições da Bíblia que surgiram no Brasil. Merece destaque a cooperação ecumênica que houve no período, de modo especial, para a realização da edição brasileira da Bíblia de Jerusalém. Também seria o caso de mencionar a edição brasileira da Tradução Ecumênica da Bíblia. Ainda seria preciso notar que, no Brasil, a iniciativa do trabalho ecumênico partiu dos católicos, mas também há que dizer que o produto final desse trabalho, as edições bíblicas, foi igualmente valorizado tanto por católicos como por protestantes, ao menos aqueles das chamadas igrejas históricas. O próximo período já não será tão significativo, ao menos desse ponto de vista.

---

[64] *Nova Bíblia Pastoral*, p. 5.

CAPÍTULO 6

As traduções da Bíblia feitas no Brasil a partir da década de 1990

A partir da década de 1990, o panorama das edições da Bíblia no Brasil torna-se extremamente complexo, com inúmeras edições disponíveis "no mercado". São principalmente novas edições de edições anteriores, já publicadas, revistas parcialmente ou mesmo inteiramente. As novidades ficam por conta da tradução da Bíblia da CNBB, da edição brasileira da Bíblia do Peregrino, da Bíblia de Aparecida, de uma tradução brasileira da Bíblia Hebraica e da edição do Novo Testamento, de A Bíblia, de Paulinas Editora, que serão apresentadas a seguir.

6.1. Bíblia Sagrada: Tradução da CNBB

Segundo J. Konings, "a idéia de produzir uma tradução bíblica de referência para a Igreja Católica no Brasil não é nova. Ela estava presente na tradução da Liga de Estudos Bíblicos (LEB)".[1] Essa edição chegou, inclusive, a ser apresentada em uma assembleia da CNBB, mas a proposta de que ela se tornasse a desejada edição católica de referência não foi adiante. O momento não se mostrou propício. De um lado, estavam sendo preparados os lecionários dominicais que trariam o "você" como forma de tratamento, projeto posteriormente abandonado; de outro lado, a LEB ia se esvaziando devido a divergências internas.[2]

---

[1] J. Konings, Considerações, p. 1.
[2] J. Konings, Considerações, p. 1.

Uma nova ocasião se apresentou para que a tradução da CNBB pudesse chegar a existir. Com o incentivo do Congresso Nacional de Catequese e a animação de dom Albano Cavallin, um grupo de biblistas, que já tinha participado de diversas traduções da Bíblia no Brasil, foi reunido. A tradução da Bíblia que eles iriam preparar deveria poder se tornar um texto de referência a ser usado na liturgia, na catequese e nos documentos da CNBB, e ainda ser utilizado para o estudo nos seminários.[3] De acordo com J. Konings, a intenção era "reunir os biblistas católicos e fazer convergir suas contribuições em torno de uma tradução específica e subsídios exegéticos para a Igreja Católica no Brasil, com abertura ecumênica."[4]

O trabalho, de fato, começou com a tradução dos textos bíblicos para uso litúrgico, aprovada pela Santa Sé, em 1994.[5] Essa tradução foi revista para que passasse a compor a edição da Bíblia da CNBB.[6]

Em 1997, era publicado o Novo Testamento por quatro editoras católicas. No ano 2001, surgia a edição de toda a Bíblia, em comemoração aos 500 anos de evangelização do Brasil e dos 50 anos da CNBB. A edição foi publicada em conjunto por sete editoras católicas: Ave Maria, Santuário, Loyola, Vozes, Salesiana, Paulus, Paulinas. A tradução, feita a partir dos idiomas originais grego, hebraico e aramaico, segue o modelo da Nova Vulgata.[7]

Os tradutores que trabalharam nessa edição foram: Walmor Oliveira de Azevedo, Geraldo Dondici, José Isabel Campos, Ludovico Garmus, Johan Konings, Cláudio Paul, Ney Brasil Pereira, José Luís Gonzaga Prado, José Raimundo Vidigal. A equipe con-

---

[3] J. Konings, Considerações, p. 1.
[4] J. Konings, Considerações, p. 1.
[5] J. Konings, *A Palavra se fez livro*, p. 23.
[6] J. Konings, Considerações, p. 1.
[7] *Bíblia Sagrada*: tradução da CNBB, apresentação, p. iii-iv (assinada por dom Jayme Henrique Chemello) e Nota prévia, p. v-viii.

tou com a colaboração linguística e catequética de: José Bortolini, Inês Broshuis, Benjamin Carreira, Cristina Maria Dias, Francisco Orofino, Marcos Marcionilo, Marlene Frinhani, Teresa Nascimento, Maria do Carmo Noronha, Vilson Dias de Oliveira, Wolfgang Gruen. A organização e a supervisão geral estiveram a cargo da Assessoria Bíblica da CNBB e de Johan Konings.[8]

Em 2002, foi publicada a segunda edição, corrigida e simplificada. A publicação saía pelas mesmas editoras da primeira edição.[9] Em seguida, teve início um trabalho minucioso de revisão da edição, assumido pela Secretaria Geral da CNBB. Houve, então, um problema com o grupo de editoras que fazia a publicação, que terminou desfeito. Em razão disso, saíram duas edições idênticas, a terceira edição, publicada pela CNBB, em 2006, e a quarta edição, publicada pela Canção Nova. Para a quinta edição, foi feita uma nova revisão, que saiu em coedição pela CNBB e pela Canção Nova.[10]

Na avaliação de J. Konings, os objetivos propostos para essa edição foram alcançados apenas parcialmente e isso pelos seguintes motivos:

> A publicação como tal é ainda uma poma de discórdia entre as editoras e, ao que parece, também entre os diversos setores da CNBB. As tentativas de suscitar interesse ecumênico, apesar de diversos contatos com o CONIC, não produziram resultado. O desejo de agrupar os biblistas católicos em torno desta tradução ficou mera ilusão. As editoras continuaram na lógica de ter cada qual sua Bíblia.[11]

O trabalho de revisão da edição da Bíblia da CNBB, contudo, não parou. Esse trabalho foi empreendido, primeiramente, pelos

---

[8] *Bíblia Sagrada*: tradução da CNBB, colaboradores, p. iv.
[9] J. Konings, Considerações, p. 1.
[10] J. Konings, Considerações, p. 1.
[11] J. Konings, Considerações, p. 1.

mesmos colaboradores da primeira edição, sob a coordenação de J. Konings. Posteriormente, esse trabalho passou a ser feito por uma equipe de biblistas constituída pela Comissão de Doutrina da Fé, da CNBB, sob a coordenação do professor Luís Henrique Eloy e Silva.[12]

6.2. Bíblia do Peregrino

A Editora Paulus também publica, desde 2002, em sua versão completa, a *Bíblia do Peregrino*. Uma edição apenas com o Novo Testamento já tinha aparecido no ano 2000. Essa edição da Bíblia tem seu nome ligado ao professor Luís Alonso Schökel (1920-1998) e ao tipo de exegese de cunho literário e teológico que ele praticava, ainda que tenha contado com a participação de diversos colaboradores. Quando começaram os trabalhos para a edição brasileira da Bíblia do Peregrino, Alonso Schökel ainda vivia e tinha começado a fazer uma revisão das notas da primeira edição espanhola, com consideráveis acréscimos às notas dos evangelhos, que foram incorporadas à edição brasileira.[13]

No prólogo, L. Alonso Schökel refere-se à edição com o termo *comentário*, um comentário conciso, no qual falta espaço para desenvolver as explicações e discutir opiniões. Seu leitor ideal é um estudante ou um estudioso, de modo que ele caracteriza sua edição como uma edição de estudo, mais um livro de consulta que um livro de leitura, mas também um livro de meditação.[14]

Na edição do Novo Testamento, Alonso Schökel admite ser professor de Antigo Testamento. Por isso, suas notas ao Novo Testamento primam por fazer aparecer as ressonâncias do Antigo no Novo Testamento, ou, como ele mesmo se refere, sua intenção

---

[12] J. Konings, Considerações, p. 3.
[13] *Bíblia do Peregrino: Novo Testamento*, p. 9.
[14] *Bíblia do Peregrino*, p. 9.

é "colocar o NT no contexto do AT: às vezes para explicar, outras para ilustrar ou para contrastar."[15]

A tradução brasileira da Bíblia do Peregrino se deve a José Bortolini e a Ivo Storniolo, que traduziram o texto bíblico, e a José Raimundo Vidigal, que traduziu as introduções, as notas, a cronologia e o vocabulário de notas temáticas. A revisão literária foi de José Dias Goulart. José Bortolini também fez a tradução dos acréscimos às notas dos evangelhos. A capa da edição do Novo Testamento é de Cláudio Pastro, que já tinha feito a capa da Bíblia Sagrada, Edição Pastoral.[16]

O aparato intertextual comporta um vocabulário de notas temáticas, uma cronologia, mapas, introduções para cada escrito bíblico, algumas indicações de lugares paralelos e muitas e longas notas.

6.3. Bíblia Sagrada de Aparecida

Essa edição da Bíblia é publicada, desde 2006, pela Editora Santuário, de Aparecida. A tradução, feita a partir dos textos nos idiomas originais, é do padre redentorista José Raimundo Vidigal, que é também o autor das introduções, notas de rodapé e indicação de lugares paralelos.[17] A edição conta também com diversos mapas. De acordo com J. Konings, a linguagem dessa edição é tradicional, mas simplificada.[18] Para o nome de Deus, o tetragrama divino, essa edição traz a forma *Javé*, assim como a Bíblia Pastoral, seguindo uma linha iniciada em português pela Bíblia de Jerusalém, no âmbito das edições católicas.

---

[15] *Bíblia do Peregrino: Novo Testamento*, p. 12
[16] *Bíblia do Peregrino: Novo Testamento*, p. 4.
[17] *Bíblia Sagrada de Aparecida*, p. 2.
[18] J. Konings, *A Palavra se fez livro*, p. 23.

6.4. Bíblia Hebraica, em português

Trata-se de uma tradução ao português da Bíblia Hebraica, feita no âmbito do judaísmo. A tradução se baseia no texto hebraico do códex de Alepo, do século X, um dos principais códices massoréticos da tradição de Ben Asher.[19] A tradução é enriquecida pelo Talmud e por fontes judaicas. A edição é de 2006, pela Editora Sêfer. Os tradutores foram Jairo Fridlin e David Gorodovits, com a revisão técnico-religiosa dos rabinos Marcelo Borer, Daniel Touitou e Saul Paves, e dos professores Norma e Ruben Rosenberg, Daniel Presman e Marcel Berditchevsky.[20]

A edição tenta reproduzir em português a sonoridade do hebraico para os nomes próprios de personagens e lugares. Não há notas de rodapé. Isso significa que as opções exegéticas dos tradutores estão no próprio texto por eles traduzido. De acordo com Jairo Fridlin, o que caracteriza essa tradução é seu estilo judaico. Diz ele:

> Raramente, e entre parênteses, inserimos palavras que complementam o texto, ou que o comentam, ou que identificam determinados personagens a que o texto faz referência. Isso poderá evitar que certas passagens sejam relacionadas a quem não de direito. Nos Profetas maiores e particularmente em alguns dos Escritos, não nos prendemos mais do que o necessário à letra do texto, mas tentamos captar e transmitir sua mensagem de forma bem clara, como anteriormente na edição do livro dos Salmos. Nossa intenção é que o leitor se emocione com o texto, vibre e se envolva com a leitura. Neste caso, a tradução literal e "burocrática" seria um erro.[21]

Ainda de acordo com J. Fridlin, para a tradução, foram consultadas traduções ao inglês, espanhol, francês e outras tradu-

---

[19] S. Chwarts, Uma nova Bíblia em português (disponível na internet).
[20] B. Lerer, Inédito, um Tanach em português! (disponível na internet).
[21] J. Frindlin em entrevista concedida a B. Lerer: Inédito, um Tanach em português! (disponível na internet).

ções ao português, mas, sobretudo, os comentaristas clássicos da tradição judaica.[22] Entre esses, estão o Talmud (já citado), o Targum Onkelos (em aramaico) e os comentadores judeus medievais: Shelomô Itshak (Rashi), Ibn Ezra, Nahmânides, Maimônides e Isaac Abravanel.[23]

A nova edição foi saudada por resenhas publicadas nos jornais O Estado de S. Paulo e Folha de S. Paulo. A resenha no caderno de cultura de O Estado de S. Paulo foi assinada por Moacir Amâncio. Segundo ele, já havia no Brasil duas traduções da *Torá*, a de Matsliah Melamed (Editora Sêfer) e *A Torá Viva* (Editora Maayanot). "Faltava a parte complementar do conjunto, que forma a Bíblia Hebraica: Profetas e Escritos".[24] A resenha na Folha de S. Paulo é assinada por Rafael Rodrigues da Silva.[25]

Também elogiosa, mas bem mais crítica é a resenha de Suzana Chwarts para a Revista 18 do Centro da Cultura Judaica (Casa de Cultura de Israel). De início S. Chwarts já afirma:

> Nova tradução da Bíblia hebraica, diretamente do idioma original, chega ao leitor brasileiro com a intenção de reparar distorções e de incluir a tradição sapiencial judaica. O trabalho, porém, é apresentado de forma monolítica, sem notas nem comentários, ou seja, é uma entre muitas interpretações possíveis das escrituras.[26]

S. Chwarts ressalta que a intenção de tradutores e editores teria sido a de dotar "o texto bíblico de uma dimensão suplementar,

---

[22] J. Frindlin em entrevista concedida a B. Lerer: Inédito, um Tanach em português! (disponível na internet).
[23] M. Amâncio, Bíblia Hebraica, a nova versão que não é redundância, *O Estado de São Paulo* 22-01-2006, p. D5.
[24] M. Amâncio, Bíblia Hebraica, a nova versão que não é redundância, p. D5.
[25] R. R. da Silva, Tradução mostra as interpretações do judaísmo para escrituras sagradas (disponível na internet).
[26] S. Chwarts, Uma nova Bíblia em português (disponível na internet).

ancorada na tradição sapiencial de Israel",[27] tradição essa produzida em tempos e espaços muito diversos, não encerrada no dogma e, portanto, caracterizada por uma polifonia e pela liberdade de inquirir o texto bíblico. O problema, no entanto, está no método utilizado na tradução, uma vez que

> [o] acesso a esta sabedoria não está em notas de rodapé ou excursos no final da obra, mas, segundo afirmam os editores, no próprio corpo do texto bíblico, através de um sistema criterioso de substituição ou inserção de terminologia. Os critérios, no entanto, permanecem ocultos ao leitor que, sem dúvida alguma, se beneficiaria imensamente da sua exposição, ainda que sucinta.[28]

O resultado final, segundo S. Chwarts, é um texto desigual que intercala trechos de tradução do texto hebraico massorético, com outros ampliados ou modificados pela tradição exegética judaica, ainda que demarcados com parênteses e travessões. Ainda de acordo com a professora, o texto vai "até atingir os limites do ideológico e do teológico".[29] Em sua resenha, S. Chwarts enumera diversos exemplos de modificações inseridas pelos tradutores na tradução. Um deles vem da tradução do Cântico dos Cânticos, na qual os locutores de cada fala são identificados com Deus (o amante), Israel (a amada), as nações (as filhas de Jerusalém) e o Tribunal Celeste (os irmãos).[30]

6.5. A Bíblia, de Paulinas Editora

Está em andamento uma nova edição da Bíblia ao português, sob a direção de Paulinas Editora. A equipe de tradutores foi formada em 2008 e, em 2015, foi publicado o Novo Testamento: *A*

---

[27] S. Chwarts, Uma nova Bíblia em português (disponível na internet).
[28] S. Chwarts, Uma nova Bíblia em português (disponível na internet).
[29] S. Chwarts, Uma nova Bíblia em português (disponível na internet).
[30] S. Chwarts, Uma nova Bíblia em português (disponível na internet).

Bíblia: Novo Testamento (São Paulo: Paulinas, 2015). O ano da publicação coincide com o ano do centenário da Congregação das Irmãs Paulinas.[31]

Trabalharam, na edição do Novo Testamento, como tradutores: Carlos Henrique de Jesus Nascimento, Cláudio Vianney Malzoni, Jean Richard Lopes, José Tolentino Mendonça, Leonardo Agostini Fernandes, Luiz Romulo Fernandes Saloto, Paulo Augusto de Souza Nogueira, Pedro Lima Vasconcellos, Walter Eduardo Lisboa, Zuleica Silvano. Os tradutores são também os responsáveis pelas introduções e notas de rodapé dos respectivos escritos traduzidos. Trabalharam na revisão exegética: Cláudio Vianney Malzoni, Matthias Grenzer, Pedro Lima Vasconcellos e Walter Eduardo Lisboa. A revisão literária foi de Anoar Jarbas Provenzi. A direção editorial ficou a cargo de Bernadete Boff e Vera Ivanise Bombonatto.[32]

A edição compreende uma introdução a todo o Novo Testamento, introduções a cada escrito e notas explicativas, que são mais abundantes nos evangelhos. Esses elementos tornam essa edição apta para o estudo acadêmico, tanto quanto para a leitura espiritual e pastoral. Há uma ilustração de Cláudio Pastro no início de cada escrito do Novo Testamento.

As edições apresentadas neste capítulo encerram o panorama das edições da Bíblia no Brasil elencadas nesse trabalho. Esse panorama, contudo, permanece aberto, não apenas porque há edições da Bíblia de circulação mais restrita que não chegaram a ser elencadas, mas, sobretudo, porque há novas edições em preparação, seja de traduções inteiramente novas, seja de revisões e atualizações de edições já existentes. Diante desse quadro, complexo e variado de edições da Bíblia, seria possível falar em excesso?

---

[31] *A Bíblia: Novo Testamento*, p. 5.
[32] *A Bíblia: Novo Testamento*, p. 6.

EXCERTO 1

Edições parciais da Bíblia

Além das edições já mencionadas, seja de toda a Bíblia, seja do Novo Testamento, houve também diversas edições de traduções de partes da Bíblia, notadamente do livro dos Salmos, feitas no Brasil. Essas edições permaneceram parciais, ou seja, não foram posteriormente incorporadas a traduções mais amplas da Bíblia, completas ou não. São essas as edições assinaladas abaixo.

Bíblia fácil: Novo Testamento e Antigo Testamento. Tradução do original grego e comentários de frei Paulo Avelino de Assis (São Paulo: Centro Bíblico Católico, s/d). Trata-se de uma tradução do Novo Testamento permeada de comentários e seguida de traduções parciais do Antigo Testamento. Na introdução, o autor explica sua opção por uma tradução de sentido, em vez de uma tradução literal.[1]

A Bíblia do povo. Trata-se de uma tradução comentada dos evangelhos também preparada por frei Paulo Avelino de Assis. Atualmente, a publicação reúne os quatro evangelhos em um só volume. A edição é do Centro Bíblico Católico, podendo ser adquirida através da Distribuidora Loyola de Livros.

O livro dos Salmos: traduzidos, comentados e anotados pelo Pe. Leonel Franca, S.J. (Rio de Janeiro: Livraria Agir Editora, 1947).[2]

---

[1] *Bíblia fácil*, tradução de P. A. de Assis, p. 4.
[2] F. P. Richtmann, O atual movimento bíblico católico no Brasil, p. 97.

Os Salmos. Tradução e comentário do Pe. Ernesto Vogt, S.J., Reitor do Pontifício Instituto Bíblico (São Paulo: Liga de Estudos Bíblicos, 1951).[3]

Luiz Inácio Stadelmann. *Os Salmos*: estrutura, conteúdo e mensagem (Petrópolis: Vozes, 1983). O autor informa que a presente tradução foi feita unicamente a partir do texto hebraico massorético.[4]

Carlos Mesters e Francisco Teixeira. *Rezar os salmos hoje*: tradução do original hebraico (São Paulo: Duas Cidades, 1987). A data de 1987 é a da 21ª edição, o que, provavelmente, signifique 21ª impressão. Não é uma tradução de todo o livro dos Salmos, mas apenas de alguns salmos escolhidos, com a finalidade de proporcionar um livro de oração, seguindo a milenar tradição de rezar com os salmos.

Qohélet = O-que-sabe: Eclesiastes: poema sapiencial. Haroldo de Campos, com uma colaboração especial de J. Guinsburg (São Paulo: Perspectiva, 1991). A tradução de Haroldo de Campos é uma tentativa de reprodução do texto hebraico em português, conservando sua estrutura rítmica, que, em si mesma, já é portadora de sentido. Na introdução, H. de Campos expõe os princípios e as perspectivas de sua tradução.[5]

Evangelhos e Atos dos Apóstolos: novíssima tradução dos originais. Tradução, introduções e notas de Cássio Murilo Dias da Silva e Irineu J. Rabuske. São Paulo: Loyola, 2011. Trata-se de uma tradução que se pretende "aderente ao texto grego", mas sem abdicar da fluência da língua portuguesa. O trabalho foi realizado durante três anos e meio.[6]

Luiz Inácio Stadelmann. *Os Salmos da Bíblia*. São Paulo: Loyola; Paulinas, 2015. Trata-se de mais uma edição dos Salmos tradu-

---

[3] F. P. Richtmann, O atual movimento bíblico católico no Brasil, p. 97.
[4] L. I. Stadelmann, *Os salmos*, p. 32.
[5] *Qohélet = O-que-sabe*, H. de Campos, p. 26.
[6] *Evangelhos e Atos*, p. 7.

zidos por L. I. J. Stadelmann, com uma ampla introdução geral e comentários a cada salmo em particular.

Há ainda outras edições de traduções parciais da Bíblia ao português, além dessas aqui elencadas. Também não se poderia deixar de mencionar as traduções feitas para os lecionários e outros livros litúrgicos, como a Liturgia das Horas. Por último, não são poucos os comentários bíblicos publicados no Brasil, acompanhados das traduções dos respectivos escritos bíblicos comentados.

EXCERTO 2

Edições da Bíblia em línguas indígenas

Ainda seria preciso registrar a existência de algumas traduções da Bíblia feitas no Brasil em alguns idiomas indígenas. Duas dessas edições serão assinaladas:

Topê Vĩ Rá: o Novo Testamento na língua Kaingáng (São Leopoldo: Sinodal, s/d).

Amenan Pe Paapaya Uyetato'kon: o Novo Testamento em macuxi e português (São Paulo: Sociedade Bíblica Internacional, 1996). O texto português é o da Nova Versão Internacional. A edição traz mapas. O idioma macuxi é falado no Brasil (Roraima) e na Guiana.

CAPÍTULO 7

A Bíblia: questões de tradução

A Bíblia nasceu sob o signo da tradução. Para o Antigo Testamento, podem-se contar as primeiras traduções em aramaico (os *targumin*) e em grego (a *Septuaginta*). A primeira surgiu, originalmente, em forma oral, no ambiente sinagogal, tendo sido colocada por escrito já em época cristã. A segunda surgiu entre os judeus de Alexandria, no Egito, no século III a.C. Nenhuma dessas traduções tinha como princípio traduzir literalmente, afirmação que vale para a *Septuaginta* e, ainda mais, para os *targumin*.[1] Quanto ao Novo Testamento, pode-se dizer que ele já surgiu traduzido, uma vez que a pregação de Jesus e de seus primeiros discípulos se deu em aramaico, e todo o Novo Testamento é uma composição em grego.

A tradução da Bíblia pressupõe sua interpretação, de modo que traduzir a Bíblia é interpretá-la. É preciso dizer, no entanto, que a tradução (interpretação) da Bíblia envolve diversas questões, algumas comuns a toda tradução, outras específicas à tradução bíblica. São algumas dessas questões que serão tratadas neste capítulo.

7.1 Questões levantadas pelo ofício de traduzir a Bíblia

Quando se trata da tradução da Bíblia, há três níveis de questões a serem levadas em consideração. O primeiro é o comum a toda tradução. O que é traduzir? Como se traduz? É possível falar em princípios que norteiam as traduções? Quais as modalidades

---

[1] J. Konings, A arte de traduzir a Bíblia, p. 74.

de tradução? Aparentemente, essas questões nem seriam propriamente teológicas. Há, no entanto, uma abordagem também teológica dessas questões, uma vez que tudo o que se relaciona com "a palavra" se tornou, no cristianismo, essencialmente teológico.

O segundo nível diz respeito a questões próprias da tradução de textos antigos. São questões que envolvem a tradução da Bíblia, mas também a das demais obras da Antiguidade. Essas obras foram escritas em um contexto sociocultural que já não mais existe. É possível traduzir essas obras desconhecendo o contexto no qual foram escritas? Essas obras foram escritas em idiomas que já não são mais falados, ou que passaram por tantas modificações que já não são mais inteiramente compreensíveis em toda a sua estrutura semântica ou sintática nem mesmo para aqueles que hoje o têm como idioma materno. Que questões tais traduções levantam?

O terceiro nível diz respeito a questões de tradução da própria Bíblia. Considerado um "texto sagrado", sua tradução também levanta algumas questões. No mundo cristão, a Bíblia sempre foi traduzida sem deixar de ser considerada "texto sagrado", mas, ainda assim, pode-se perguntar, levando a uma radicalização, se a tradução não *dessacraliza* o texto

No Brasil, uma das pessoas que têm trabalhado as questões que envolvem a tradução da Bíblia é o prof. Johan Konings, ele mesmo também tradutor da Bíblia. J. Konings elenca aquilo que seria essencial para desenvolver as habilidades de tradutor da Bíblia. Primeiramente, é preciso que o tradutor tenha um bom conhecimento tanto do idioma de partida quanto do idioma de destino. Em seguida, é preciso que ele tenha conhecimentos de crítica textual, não obstante a existência das atuais "edições críticas" do texto bíblico. Depois, é necessário um bom conhecimento do contexto histórico no qual o texto se situa, seja para saber à qual realidade se refere, seja para saber o significado dos termos que utiliza. Enfim, também é preciso que o tradutor esteja consciente das questões de crítica literária que envolvem o texto.[2]

J. Konings faz também uma interessante reflexão a respeito das relações entre o tradutor e o exegeta. Certamente, o tradutor também é exegeta, mas o "lugar hermenêutico" em que se faz a exegese difere daquele no qual se faz a tradução. O lugar hermenêutico do tradutor está mais próximo do receptor, enquanto o do exegeta está mais próximo do emissor.[3]

A tradução da Bíblia levanta uma série de questões, algumas das quais são bastante complexas. A esse respeito, escreveu S. H. Ribeiro, em sua tese de doutorado:

> As complexidades da tradução do texto sagrado envolvem seu público receptor, o controle institucional dos agentes da patronagem, a diversidade de seu uso escrito e oral, público e privado, e sua profunda penetração na cultura e identidade do Ocidente. Grande parte dessas questões se reputa à natureza única de tais textos, que têm estatuto de revelação, e das condições também singulares de sua recepção, que acontece em ambiente religioso e teológico com rica e milenar herança interpretativa. Daí a necessidade de refletir, discutir, elaborar e testar estratégias tradutórias próprias.[4]

S. H. Ribeiro também chama a atenção para o movimento do texto sagrado entre culturas, que, para ela, "torna necessária a discussão do tema do estrangeiro e da hospitalidade".[5] Ela constata o que chama de "entraves ao fazer tradutório da Bíblia". Recorrendo a J.-M. Babut, ela os identifica em três:

---

[2] J. Konings, A arte de traduzir a Bíblia, p. 75-79. As mesmas questões são também tratadas em J. Konings, Tradução e traduções da Bíblia no Brasil, p. 219-223.
[3] J. Konings, A arte de traduzir a Bíblia, p. 80.
[4] S. H. Ribeiro, Traduções populares, p. 15.
[5] S. H. Ribeiro, Traduções populares, p. 15.

1) as diferenças e a distância temporal e cultural entre o texto bíblico e a comunidade que hoje os recepciona; 2) a linguagem adotada pelas traduções bíblicas em uso, que parecem oscilar entre duas posições irreconciliáveis: uma linguagem coloquial, corrente e, por isso, transitória, de um lado, e uma linguagem tradicional, erudita, estanque e, por isso, hermética; 3) o conteúdo, pois a mensagem dos textos bíblicos é radicalmente diferente de tudo o que se está habituado a entender e exige mudança de mentalidade, à qual o tradutor precisa atentar.[6]

Existem outras questões presentes na tradução, tais como: escolhas teológicas, escolhas eclesiológicas, posições feministas ou antifeministas, racismos conscientes ou inconscientes, preconceitos conscientes ou inconscientes, isso tudo da parte do tradutor. E, ainda, certo patrulhamento da parte das autoridades eclesiásticas, maior ou menor segundo os tempos; maior ou menor, dependendo do modo como são internalizados pelos tradutores. Há também as questões sobre o tipo de tradução ao qual o tradutor adere.[7]

Não se trata apenas de escolhas de modelos de tradução. Na tradução da Bíblia, há também questões teológicas que envolvem o texto e, portanto, sua tradução. S. H. Ribeiro assim se expressa:

> Apesar da resistência de teólogos e pastores, o tradutor não é apenas um técnico da linguagem, um especialista em filologia e semântica. O tradutor da Bíblia necessita de organização teológica sistemática ampla, perspectiva das fontes abrangente e multidisciplinar. Precisa, ainda, compreender a tradução como um processo de interpretação pleno e integrado.[8]

---

[6] S. H. Ribeiro, *Traduções populares*, p. 15-16; J.-M. Babut, *Lire la Bible en traduction*, p. 7-8.
[7] S. H. Ribeiro, *Traduções populares*, p. 16.
[8] S. H. Ribeiro, *Traduções populares*, p. 19-20.

As edições da Bíblia no Brasil que suscitaram mais polêmicas foram, sem dúvida, pelo lado protestante, A Bíblia na Linguagem de Hoje e sua sucessora, a Nova Tradução na Linguagem de Hoje, e, pelo lado católico, a Bíblia Sagrada, Edição Pastoral. As polêmicas, no entanto, não foram as mesmas. Pelo lado da Bíblia Pastoral, a polêmica se centrou nas notas explicativas no pé de página; pelo lado da Bíblia na Linguagem de Hoje, a polêmica se deu em função do tipo de tradução.

As notas da Bíblia Pastoral seguiam uma lógica de interpretação do texto bíblico na perspectiva da teologia da libertação. Essa perspectiva teológica enfrentou forte oposição de alguns setores do episcopado brasileiro e terminou por cair inteiramente em suspeita durante o pontificado de João Paulo II, de modo especial após a publicação do documento da Congregação para a Doutrina da Fé, chamado Instrução sobre alguns aspectos da "Teologia da Libertação", em 1984.

As críticas à Bíblia na Linguagem de Hoje são inteiramente outras e todas elas dizem respeito ao princípio de tradução adotado em sua produção, comumente chamado de "equivalência dinâmica".[9]

De fato, essas duas edições da Bíblia evidenciam algo presente também nas demais traduções, embora não de maneira tão explícita. É o caráter inteiramente outro do texto bíblico. Para o tradutor, que lida com o texto em sua língua original, esse dado é ainda mais presente. Referindo-se a esse tema, J. Konings levanta a pergunta: "A linguagem da tradução deve ser a que costumamos usar?" E responde: "Certamente, a tradução deve respeitar o nível linguístico do público alvo, mas isso não quer dizer que ela deva

---

[9] A Bíblia do Peregrino não despertou as mesmas polêmicas, mas o princípio de tradução adotado por essa edição se aproxima muito daquele chamado de "equivalência dinâmica", embora não lhe corresponda inteiramente. O aparato de notas de rodapé também não está livre de controvérsias, sendo que as notas ocupam, em geral, de metade a dois terços de cada página.

ser a linguagem do dia a dia."[10] E ainda acrescenta que não se pode pensar que certos termos possam ser abolidos simplesmente por terem caído de moda ou por não serem mais politicamente corretos.[11] Ademais, haveria que se considerar o sentido de certos termos que já se tornaram tradicionais no campo semântico da linguagem bíblica. Convém substituí-los?

As questões levantadas neste capítulo mostram o quanto é complexo o ofício de tradução da Bíblia. As habilidades para tanto somente se desenvolvem após alguns anos de estudo e apenas chegam a se configurar mais claramente após alguns anos de experiência no próprio ofício. Isso, se por um lado torna mais árduo o trabalho do tradutor, por outro lado também o torna estimulante e desafiador. O próximo capítulo tratará de normas e instruções provenientes da autoridade eclesiástica católica no tocante à tradução da Bíblia, promulgadas de 1917 até o presente, o que, em certo sentido, exemplifica o que foi exposto neste capítulo, ao menos no que se refere ao controle institucional.

---

[10] J. Konings, A arte de traduzir a Bíblia, p. 85.
[11] J. Konings, A arte de traduzir a Bíblia, p. 86.

CAPÍTULO 8

Legislação eclesiástica católica e documentos oficiais sobre a tradução da Bíblia

No âmbito da Igreja Católica, a atividade de tradução da Bíblia sempre foi objeto de certa vigilância, que foi maior ou menor segundo os tempos. A seguir, serão apresentados os documentos que provêm da autoridade eclesiástica católica que tocam no tema, promulgados ou publicados a partir do início do século XX.

8.1. O Código de Direito Canônico de 1917

No antigo Código de Direito Canônico, de 1917, as referências à tradução da Bíblia encontram-se nos cânones 1391, 1399,1 e 1400. O texto desses cânones é o seguinte:

> 1391 Versiones sacrarum Scripturarum in linguam vernaculam typis imprimi nequeunt, nisi sint a Sede Apostolica probatae, aut nisi edantur sub vigilantia Episcoporum et cum adnotationibus praecipue excerptis ex sanctis Ecclesiae Patribus atque ex doctis catholicisque scriptoribus.[1]

> Tradução: *Não se podem imprimir as versões das Sagradas Escrituras em língua vernácula, a não ser que tenham sido aprovadas pela Sé Apostólica, ou que sejam publicadas sob a vigilância dos bispos e com notas tomadas, principalmente, dos santos padres e de escritores doutos e católicos.*

---

[1] *Código de Derecho Canónico*, p. 464.

1399 Ipso iure prohibentur:

1º Editiones textus originalis et antiquarum versionum catholicarum sacrae Scripturae, etiam Ecclesiae Orientalis, ab acatholicus quibuslibet publicatae; itemque eiusdem versiones in quamvis linguam, ab eisdem confectae vel editae;[2]

Tradução: *Estão proibidos pelo próprio direito: 1º As edições do texto original ou de antigas versões católicas da Sagrada Escritura, incluindo as da Igreja Oriental, publicadas por não católicos, e, igualmente, suas traduções em qualquer língua, feitas ou editadas por não católicos.*

1400 Usus librorum de quibus in can. 1399, n. 1, ac librorum editorum contra praescriptum can. 1391, iis dumtaxat permittitur qui studiis theologicis vel biblicis quovis modo operam dant, dummodo iidem libri fideliter et integre editi sint neque impugnentur in eorum prolegomenis aut adnotationibus catholicae fidei dogmata.[3]

Tradução: *O uso dos livros a que alude o cânon 1399, n. 1, e daqueles que foram publicados contrariamente ao disposto no cânon 1391, somente se permite àqueles que se dedicam, de algum modo, aos estudos teológicos ou bíblicos, sempre que esses livros estejam fiel e integralmente editados, e em seus prolegômenos ou em suas anotações nada contenham contra os dogmas da fé católica.*

Esses cânones restringiam o uso tanto de edições do texto bíblico nos idiomas originais quanto de traduções feitas a partir dessas edições e ainda de outras versões antigas. As edições em línguas modernas ficavam permitidas sob duas condições. A primeira é que fossem aprovadas pela Sé Apostólica ou que fossem publicadas sob a vigilância dos bispos; a segunda, que fossem publicadas com anotações tiradas dos santos padres e de conceituados escritores católicos (cân. 1391). Já o uso de versões feitas ou editadas por não católicos, em qualquer língua, ficava proibido (cân. 1399,1), exceto para aqueles que se dedicam aos estudos teológi-

---

[2] *Código de Derecho Canónico*, p. 467.
[3] *Código de Derecho Canónico*, p. 468.

cos ou bíblicos e desde que tais edições nada trouxessem, nas introduções ou anotações, contrário ao dogma católico (cân. 1400).

8.2. As declarações da Pontifícia Comissão Bíblica de 1934 e 1943

A Pontifícia Comissão Bíblia foi constituída pelo papa Leão XIII em 30 de outubro de 1902. Tanto Leão XIII como Pio X deram à Comissão Bíblica amplas competências no que dizia respeito a questões e controvérsias bíblicas. A Comissão foi inteiramente reformada pelo papa Paulo VI, em 27 de junho de 1971, e sua constituição e suas funções mudadas completamente. Ela passa a ser uma comissão formada não mais por cardeais assessorados por consultores, mas por docentes de exegese bíblica, e transforma-se em um órgão consultivo, a serviço do Magistério, vinculado à Congregação para a Doutrina da Fé.[4]

Em 30 de abril de 1934, a Pontifícia Comissão Bíblia respondia a uma dúvida que lhe tinha sido enviada pelo bispo de Hertogenbosch, em seu nome e em nome dos demais bispos da Província Eclesiástica Neerlandesa. A questão era se se podia permitir que, nas igrejas, fossem lidas aos fiéis as leituras litúrgicas em tradução feita não a partir da Vulgata latina, mas a partir dos idiomas originais, grego e hebraico. A resposta foi: "Não. Deve-se ler publicamente aos fiéis cristãos uma tradução da Sagrada Escritura feita a partir do texto aprovado pela Igreja para a sagrada liturgia" (EB 520).[5]

Em 22 de agosto de 1943, quase dez anos depois, a Pontifícia Comissão Bíblica voltava à questão do uso e da autoridade das versões bíblicas em língua vernácula, feitas a partir dos idiomas originais, com a finalidade de esclarecer o que já tinha exposto na resposta aos bispos neerlandeses.

---

[4] *Comissão Pontifícia Bíblica* (texto da internet).
[5] *Enquiridion bíblico*, p. 518-519.

A premissa para este esclarecimento era a recomendação do papa Leão XIII na encíclica *Providentissimus Deus* (EB 106) de que fossem usados os textos originais da Bíblia em vista de um conhecimento mais profundo e de uma exposição mais clara da Sagrada Escritura. Tal recomendação não estava dirigida apenas aos exegetas e teólogos, de modo que seria pertinente que esses textos fossem traduzidos para as línguas vernáculas, desde que isso se fizesse sob a vigilante atenção da autoridade eclesiástica e respeitando-se as regras reconhecidas pela ciência sagrada e profana. A partir dessa premissa, a Pontifícia Comissão Bíblica esclarecia que:

1º) Os fiéis podem se servir, para uso privado, de uma tradução da Bíblia, desde que aprovada pela autoridade eclesiástica, tanto se tal tradução tiver sido feita a partir da Vulgata quanto se tiver sido feita a partir dos idiomas originais, e os bispos, individualmente ou em colegiado, podem recomendar aos fiéis a eles confiados alguma versão da Bíblia que tenha sido julgada mais fiel e adequada, após exame do texto e das notas, feito por homens competentes em ciência bíblica e teológica.

2º) os *sacerdotes* podem recorrer ao *texto original* ou a outra versão mais idônea para ilustrar, na pregação, o texto litúrgico, sendo esse uma tradução feita da Vulgata (EB 535-537).[6]

Essas disposições têm, hoje, apenas um interesse histórico. Com o Concílio Vaticano II e o novo Código de Direito Canônico, outras normas entraram em vigor. Assim, atualmente utilizam-se na liturgia traduções da Bíblia feitas das línguas originais, recomendadas pela Igreja Católica.

8.3. A encíclica *Divino Afflante Spiritu*, do papa Pio XII, de 1943

A Encíclica foi escrita por ocasião do quinquagésimo aniversário da encíclica *Providentissimus Deus*, de Leão XIII. Em seu conjunto, a Encíclica reflete um otimismo em relação aos estudos

---

[6] *Enquiridion bíblico*, p. 544-547. G. M. Perrella e L. Vagaggini, As versões modernas, p. 185-186.

bíblicos que, inclusive, deseja incentivar. Entre os diversos assuntos abordados, aparece também a questão das traduções da Bíblia.

Primeiramente, haveria que salientar a importância que a Encíclica dá ao estudo dos idiomas nos quais a Bíblia foi escrita, nomeadamente, o grego e o hebraico, incentivando o estudo dessas línguas. A Encíclica refere-se ao texto bíblico nesses idiomas usando a expressão *texto original*, "o qual, pelo fato mesmo de ter sido escrito pelo autor sagrado, tem maior autoridade e peso que qualquer tradução antiga ou moderna por ótima que seja" (parágrafo 12).[7]

A Encíclica também reafirma, na sequência do Concílio de Trento, a importância da *Vulgata* latina. A Encíclica relembra que o Concílio havia feito um pedido ao papa: "que mandasse corrigir, o melhor possível, primeiro a edição latina, depois também a grega e a hebraica, e as publicasse para proveito da santa Igreja de Deus" (parágrafo 14).[8] Tal desejo não se pôde, então, realizar, dadas as dificuldades dos tempos, mas, quando a Encíclica foi escrita, já tinha começado a acontecer quanto à Vulgata.

A Encíclica recorda que, em relação à Vulgata, o Concílio de Trento tinha pedido que ela fosse a tradução latina usada pela Igreja, preferencialmente às outras versões latinas, o que valia apenas para a Igreja latina e para o uso público da Escritura, mas isso em nada diminuía a autoridade e o valor dos textos nas línguas originais. A preferência pela Vulgata em relação a outras versões latinas se baseava no uso que dela se fez na Igreja durante séculos, o que comprovaria ser essa versão isenta de erros no que diz respeito à fé e aos costumes. Isso, contudo, não impede, antes exige, que a doutrina da Igreja também se confirme com os textos nos idiomas originais e que aos mesmos se recorra para compreender cada vez melhor o sentido das Escrituras.[9] Assim se conclui a argumentação:

---

[7] Pio XII, Carta encíclica *Divino Afflante Spiritu*, p. 106.
[8] Pio XII, Carta encíclica *Divino Afflante Spiritu*, p. 108.
[9] Pio XII, Carta encíclica *Divino Afflante Spiritu*, p. 108.

Antes, o decreto Tridentino nem sequer proíbe que, para uso e proveito dos fiéis e para facilitar a inteligência da divina palavra, se façam traduções em línguas vernáculas, e precisamente dos textos originais, como sabemos terem-se já feito, e muito bem, em várias partes, com aprovação da autoridade eclesiástica (parágrafo 14).[10]

Com essa Encíclica, o papa Pio XII abria, definitivamente, a porta para que a Bíblia fosse traduzida dos idiomas originais por biblistas católicos para as línguas modernas. E isso sem negar o valor da Vulgata latina para a Igreja latina.

8.4. O Concílio Vaticano II: a Constituição Dogmática *Dei Verbum*, de 1965

O Concílio Vaticano II foi aberto pelo papa João XXIII em 1962 e concluído pelo papa Paulo VI em 1965. Dentre os documentos do Concílio, destaca-se a Constituição Dogmática *Dei Verbum* sobre a Revelação Divina, aprovada em 1965. No parágrafo 22, esse documento conciliar afirma:

> É preciso que os fiéis tenham acesso patente à Sagrada Escritura. Por esta razão, a Igreja logo desde os seus começos fez sua aquela tradução grega antiquíssima do Antigo Testamento chamada dos Setenta; e sempre tem em grande apreço as outras traduções, quer orientais quer latinas, sobretudo a chamada Vulgata. Mas, visto que a palavra de Deus deve estar sempre acessível a todos, a Igreja procura com solicitude maternal que se façam traduções aptas e fiéis nas várias línguas, sobretudo a partir dos textos originais dos livros sagrados. Se porém, segundo a oportunidade e com a aprovação da autoridade da Igreja, essas traduções se fizerem em colaboração com os irmãos separados, poderão ser usadas por todos os cristãos.[11]

---

[10] Pio XII, Carta encíclica *Divino Afflante Spiritu*, p. 109.
[11] *Constituição Dogmática "Dei Verbum"* (acesso pela internet).

Em um único parágrafo, a *Dei Verbum* aponta para o direito dos fiéis ao acesso à Sagrada Escritura e para o fato de que a Sagrada Escritura sempre foi traduzida para que estivesse ao alcance das pessoas em todas as épocas. Também incentiva a que se façam traduções da Bíblia a partir dos idiomas originais e permite que essas traduções sejam feitas em colaboração com cristãos não católicos.

8.5. O documento do Secretariado para a União dos Cristãos de 1968

Em junho de 1960, era criado pelo papa João XXIII o Secretariado para a União dos Cristãos, passo que introduziu oficialmente a Igreja Católica no movimento ecumênico. Esse movimento atuou em diversos campos, dentre os quais o dos estudos bíblicos e, mais especificamente, o da colaboração na tradução da Bíblia. Em 1968, o Secretariado para a União dos Cristãos e o Comitê Executivo da Aliança Bíblica Universal prepararam um documento com orientações para trabalhos conjuntos de tradução da Bíblia envolvendo biblistas de diversas denominações cristãs. O documento, chamado *A Cooperação Interconfessional na Tradução da Bíblia*, não se limita a enunciar princípios e desce a inúmeros detalhes, muitos dos quais desnecessários para um tipo de documento como esse.[12] Os tópicos abordados pelo documento são agrupados em duas seções: (I) aspectos técnicos e (II) modos práticos de proceder.

A primeira seção (aspectos técnicos) trata de questões relacionadas com o texto a ser traduzido, com a exegese ligada à tradução e com a língua da tradução. Quanto ao texto a ser traduzido, o documento propõe que, para o Novo Testamento, sejam utilizadas as edições críticas do texto grego, e expressa o desejo de "que exegetas católicos estivessem representados na preparação

---

[12] Esse documento serviu de base para o projeto da Tradução Ecumênica da Bíblia. *Tradução Ecumênica da Bíblia*: Novo Testamento, p. 5.

das edições pela Sociedade Bíblica do Novo Testamento grego".[13] O documento alude a certas tendências, às quais caracteriza como conservadoras, tanto entre protestantes como entre católicos, que exigiriam que determinadas passagens que se encontram no *Textus Receptus*, mas que a crítica moderna não aceita mais, também fossem traduzidos. Para essas passagens, o documento propõe que seja assinalada com clareza sua situação textual exata, ou por meio de sinais no texto ou por meio de notas.[14] Para o Antigo Testamento, o documento propõe que o texto a ser utilizado seja o massorético, editado por Kittel, recorrendo-se, em caso de dificuldades insuperáveis, aos manuscritos do Mar Morto e às versões antigas. O documento sugere que se leve em consideração os novos conhecimentos de antigas línguas semíticas aparentadas ao hebraico na solução de certos conflitos de tradução.[15]

Uma questão importante é a do cânon, uma vez que, para o Antigo Testamento, o cânon da Igreja Católica difere do cânon das igrejas protestantes. Pelo lado da Igreja Católica, para que uma edição da Bíblia seja publicada é preciso do *imprimatur* da autoridade eclesiástica e esse *imprimatur* não é dado se o Antigo Testamento não comportar também os livros conhecidos como *deuterocanônicos*. Já entre as igrejas protestantes, as edições bíblicas não trazem os livros *deuterocanônicos*. Havia, contudo, à época do documento, a possibilidade de que surgissem edições bíblicas protestantes contendo os livros em questão devidamente assinalados como não pertencentes ao cânon hebraico tradicional.[16]

Quanto à questão da exegese, o documento dá sugestões do tipo de anotações que as edições da Bíblia deveriam ter. Essas anotações dizem respeito a leituras variantes significativas, a possibilidades de traduções diferentes, a explicações de nomes pró-

---

[13] A cooperação interconfessional na tradução da Bíblia, p. 33.
[14] A cooperação interconfessional na tradução da Bíblia, p. 33.
[15] A cooperação interconfessional na tradução da Bíblia, p. 34.
[16] A cooperação interconfessional na tradução da Bíblia, p. 35.

prios, a situações históricas específicas, a explicações de termos sociais, religiosos e culturais. Além disso, o documento sugere a anotação de referências paralelas e de títulos de seções. Tais títulos, segundo o documento, deveriam conter, tanto quanto possível, palavras ou frases do próprio texto, sendo seu objetivo ajudar na identificação de uma seção, e não introduzir sua interpretação.[17] O documento sugere que não se explicite as diferenças de interpretações entre católicos e protestantes, "observando que tal interpretação é sustentada pelos católicos, tal outra pelos protestantes. Esta maneira de proceder não parece criteriosa, pois tende a acentuar as diferenças".[18] Ademais, o documento nota que a maioria das edições da Bíblia traz índice, tábuas de concordância, mapas e ilustrações. Desses elementos, o mais problemático, segundo o documento, são as ilustrações, pois nem sempre é fácil decidir o que é artístico e o que convém a uma edição da Bíblia.[19]

Afirma ainda o documento:

> Para responder ao objetivo das edições conjuntas (católica e protestante), todo prefácio, se êle é desejado, deveria limitar-se a recomendar a leitura da Sagrada Escritura e omitir as referências à autoridade eclesiástica. Normalmente as Sociedades Bíblicas não mencionam, em suas traduções da Sagrada Escritura, os nomes dos tradutores e revisores.[20]

Quanto à língua, o documento sugere que, onde católicos e protestantes empregam sistemas ortográficos diferentes, haja um esforço para a unificação desses sistemas segundo princípios científicos. O mesmo se faça para com os nomes próprios, cujas formas poderiam ser unificadas através de um acordo prévio ao início do

---

[17] A cooperação interconfessional na tradução da Bíblia, p. 35-36.
[18] A cooperação interconfessional na tradução da Bíblia, p. 36.
[19] A cooperação interconfessional na tradução da Bíblia, p. 36.
[20] A cooperação interconfessional na tradução da Bíblia, p. 36.

trabalho de uma tradução conjunta. Em geral, os católicos usam formas de nomes próprios derivadas do latim, ao passo que os protestantes, em geral, usam formas derivadas das línguas europeias.[21]

A segunda seção (modos práticos de proceder) traz diversas sugestões de como trabalhar em conjunto em um projeto de edição da Bíblia. Tal projeto pode ser o de uma revisão de uma tradução já existente ou o empreendimento de uma nova tradução. O documento afirma, porém, que "é preferível empreender uma nova tradução a tentar a revisão de um texto já existente." Seguem diversas sugestões de como organizar os trabalhos, sobre quais pessoas escolher para realizá-los, sobre a necessidade de estabelecer os princípios que orientarão a tradução, e outros. Quanto à edição, o documento sugere que se evite a produção de dois textos diferentes, publicados por diferentes editoras. O risco, nesses casos, seria de que, em pouco tempo, novas revisões terminassem por criar duas traduções inteiramente independentes entre si.[22] Para finalizar, o documento lembra que: "[t]oda edição preparada em conjunto, por católicos e protestantes, normalmente deverá trazer o nome da Sociedade Bíblica editôra e o *Imprimatur* da autoridade eclesiástica católica competente".[23]

8.6. O Código de Direito Canônico de 1983

O novo Código de Direito Canônico, promulgado em 1983 pelo papa João Paulo II, toca na questão das traduções bíblicas uma só vez. É no cânon 825:

Cân. 825 - § 1. Os livros da sagrada Escritura não podem ser editados sem aprovação da Sé Apostólica ou da Conferência dos Bispos; igualmente, para que possam ser editadas suas versões em língua vernácula, exige-se que sejam aprovadas pela mesma auto-

---

[21] A cooperação interconfessional na tradução da Bíblia, p. 37-38.
[22] A cooperação interconfessional na tradução da Bíblia, p. 38-41.
[23] A cooperação interconfessional na tradução da Bíblia, p. 42.

ridade e sejam acompanhadas de necessárias e suficientes notas explicativas.

§ 2. As versões das sagradas Escrituras, acompanhadas de convenientes notas explicativas, mesmo feitas em colaboração com os irmãos separados, podem os fiéis católicos prepará-las e publicá-las com a licença da Conferência dos Bispos.[24]

Uma das mudanças introduzidas pelo novo código de direito canônico é que a publicação de traduções da Sagrada Escrituras deixa de estar sob a vigilância do bispo e passa a ser aprovada pela Conferência Episcopal. Nesse sentido, a Sé Apostólica conserva sua mesma atribuição tanto no antigo como no código atual.

O quadro de suspeita com relação à colaboração entre cristãos católicos e não católicos no trabalho com a Sagrada Escritura já tinha começado a mudar com o Concílio Vaticano II.

8.7. O documento da Pontifícia Comissão Bíblica *A interpretação da Bíblia na Igreja*, de 1993

Esse documento, produzido pela nova Comissão Bíblica, foi um marco para a exegese católica na segunda metade do século XX. Por um lado, o documento retoma e sintetiza o que foram os avanços da exegese bíblica nos últimos séculos (e não apenas no tocante à exegese católica), inserindo esses avanços na milenar corrente de interpretação católica da Bíblia e relendo-os à luz de sua própria tradição. Por outro lado, abre-se para novas possibilidades de leitura do texto bíblico, colocando-se diante dos desafios hermenêuticos atuais, sempre em referência com o dado eclesial, como sugere o próprio título do documento. É ao tratar de um desses desafios – a inculturação – que o documento aborda a questão da tradução do texto bíblico. O documento começa relembrando que

---

[24] *Código de Direito Canônico*, p. 373.

O fundamento teológico da inculturação é a convicção de fé que a Palavra de Deus transcende as culturas nas quais ela foi expressa e tem a capacidade de se propagar em outras culturas, de maneira a atingir todas as pessoas humanas no contexto cultural onde elas vivem.[25]

Traduzir, segundo o documento, é a primeira etapa da inculturação. A tradução da Escritura começou já nos tempos do Antigo Testamento, com a tradução oral do texto hebraico ao aramaico e a tradução escrita ao grego. Traduzir, no entanto, nunca é simples transposição de um conteúdo, uma vez que a passagem de uma à outra língua implica também mudança de contexto cultural. O Novo Testamento foi inteiramente marcado por essa dinâmica, fazendo a transposição da mensagem palestina de Jesus para o ambiente cultural judeu-helenista, "manifestando desta maneira uma clara vontade de ultrapassar os limites de um ambiente cultural único".[26]

Os documentos do Magistério eclesiástico católico aqui elencados e que cobrem o período do início do século XX aos dias atuais mostram uma trajetória clara de crescente incentivo às traduções dos textos bíblicos para as línguas vernáculas. Isso não significa, no entanto, que a autoridade eclesiástica deixou de exercer uma atividade de vigilância no assunto, uma vez que as edições católicas da Bíblia precisam do *imprimatur* para ser publicadas. Por outro lado, se a possibilidade de traduzir diretamente dos idiomas bíblicos foi um ganho, também seria de lamentar o papel secundário que passou a ser relegado à Vulgata latina. A tradição textual da Vulgata latina – enquanto tradição característica da

---

[25] PONTIFÍCIA COMISSÃO BÍBLICA, *A interpretação da Bíblia na Igreja*, p. 108.
[26] PONTIFÍCIA COMISSÃO BÍBLICA, *A interpretação da Bíblia na Igreja*, p. 109.

Igreja Católica Romana – não é inferior ao texto estandardizado das edições críticas dos textos bíblicos nos idiomas originais, que, aliás, algumas vezes, remontam a um suposto texto original sem nenhuma relevância eclesial.[27] Todavia, diante dessa tentação, também as edições críticas da Vulgata sucumbiram.

O olhar para o ofício de tradução da Bíblia deve, contudo, ser um olhar ecumênico, como se verá no capítulo seguinte.

---

[27] Ou seja: em algumas passagens esse texto estandardizado foi reconstituído a partir de um número restrito de manuscritos que, embora possam representar o que tenha sido o texto original, não refletem o modo como esse texto foi lido e conhecido nas igrejas, nem do Ocidente, nem do Oriente.

CAPÍTULO 9

A Bíblia entre o catolicismo e o protestantismo: do combate à cooperação

O fato de, em português, a primeira tradução completa da Bíblia provir do cristianismo de tradição protestante marcou a história da Bíblia em língua portuguesa. Certamente que não se trata apenas desse fator de primazia na história. Há que se levar em consideração a qualidade dessa tradução, feita por João Ferreira de Almeida, e ainda que ela tenha sido a tradução escolhida pelas sociedades bíblicas para a divulgação da Bíblia no Brasil.

Nas mais antigas edições da tradução, o nome de João Ferreira de Almeida vem precedido da palavra "padre". Não está claro o porquê desse uso. De acordo com V. Scholz, era costume, naquele tempo, nas Índias Orientais, que os pastores usassem o título de *padre*.[1]

No início do século XIX, Antonio Ribeiro dos Santos escrevia sua *Memoria sobre algumas traducções, e edições biblicas menos vulgares; em lingua portugueza, especialmente sobre as obras de João Ferreira de Almeida*, parte da obra maior chamada *Memorias de litteratura portugueza*. Referindo-se à tradução do Novo Testamento, ele elogia a qualidade literária do trabalho de Almeida e não vê obstáculo intransponível para que essa tradução seja usada pelos católicos. Ele usa, no entanto, palavras duríssimas para se referir à pessoa de Almeida. Assim ele se expressa, segundo a linguagem da época:

---

[1] V. Scholz, Bíblia de Almeida, p. 9.

A differença de Religião para que Almeida apostatou, não deve servir de obstáculo; cumpre distinguir o homem, e os seus erros, e separar o bem que fez, do mal que obrou. Destes temos a sua apostasia, que o fez criminoso; amemos porém as suas obras no que ellas são uteis, e dignas de estimação; e pois elle com esta fez grandes serviços á Christandade, não há porque não possamos usar della, ainda que seja de hum homem de diversa Comunhão.[2]

As palavras mais duras de A. R. dos Santos devem ser colocadas em seu contexto. O próprio Almeida tinha traduzido um panfleto anticatólico, do espanhol ao português, com o nome de *Differença da Christandade em que claramente se manifesta a grande desconformidade entre a verdadeira, e antiga doutrina de Deus, e a falsa doutrina dos homens*, e ao qual ainda acrescentou este apêndice: *Appendice à Differença à Christandade, em que clara e evidentemente se mostra e averigua como, não a Egreja Christã Reformada, mas a Apostatica Romana, he a que só muda, transforma, corrompe e falsifica os fundamentos da doutrina christã; como também assim sempre fez, e ainda faz, com a Escriptura Sagrada*.[3] O costume da época de dar longos nomes às publicações deixa perceber o conteúdo e a linguagem do *Appendice*.

Pelo lado da Igreja Católica, a primeira tradução completa da Bíblia foi a de Antonio Pereira de Figueiredo, feita a partir da Vulgata latina, com introduções e comentários, como ordenava a Igreja Católica. Figueiredo, no entanto, por suas posições regalistas caiu em descrédito, e suas anotações foram inúmeras vezes revistas nas edições posteriores de sua tradução da Bíblia.

O próprio Figueiredo avaliava positivamente a tradução de Almeida do ponto de vista doutrinário, embora a criticasse por ser uma tradução servil.[4]

---

[2] A. R. dos Santos, Memoria sobre algumas traducções, p. 57.
[3] J. Falcão, Almeida (João Ferreira de), c. 1380.
[4] *O Novo Testamento de Jesu Christo*, p. XXXII.

Essa, no entanto, já não era a opinião de dom Manoel Joaquim da Silveira, arcebispo da Bahia, que, em 1862, escreveu uma carta pastoral contra as adulterações e mutilações da Bíblia traduzida por João Ferreira de Almeida. Na carta, o Arcebispo refere-se à ausência dos livros deuterocanônicos do Antigo Testamento na tradução de Almeida e apresenta uma lista de casos em que essa tradução seria tendenciosa. Em nenhum desses casos, porém, a tradução de Almeida estaria incorreta e ainda seria preciso levar em consideração que dom Manoel Joaquim da Silveira faz sua comparação a partir do texto da Vulgata, em latim, e não a partir do texto grego, que foi o que Almeida traduziu. Em tais circunstâncias, certas diferenças de palavras tornam-se inevitáveis. Eis um exemplo: o Arcebispo critica a tradução de Ef 5,32 por "grande é este mistério", feita por Almeida, quando deveria ser "grande é este sacramento". O texto de Efésios refere-se ao casamento, e o Arcebispo atribui a tradução de Almeida ao fato de tanto Lutero quanto Calvino não considerarem o matrimônio como um sacramento.[5]

Para se compreender o contexto da Carta pastoral de dom Manoel Joaquim da Silveira, é preciso recordar que, desde o início do século XIX, as sociedades bíblicas tinham iniciado suas campanhas de distribuição de exemplares da Bíblia no Brasil, razão pela qual esses exemplares começaram a ser encontrados nas mãos das pessoas. É preciso lembrar, no entanto, que o índice de analfabetismo da população brasileira ainda era elevado.

A Sociedade Bíblica Britânica e Estrangeira publicava, então, tanto a tradução da Bíblia de Almeida como a de Figueiredo, esta, sem as introduções e sem notas que caracterizam as edições católicas.

A polêmica contra os protestantes aparece claramente em duas edições do Novo Testamento publicadas no Brasil, uma ainda no século XIX e outra no início do século XX. A primeira foi a edição

---

[5] M. J. da Silveira, *Carta pastoral*, p. 7-10.

da tradução do Novo Testamento do bispo do Maranhão, dom Joaquim de Nossa Senhora de Nazareth, publicada de 1845 a 1847. No título da edição fica explicitado seu carácter polêmico: *O Novo Testamento de Nosso Senhor Jesus Christo, tradusido em portuguez, e anotado segundo o sentido dos Santos Padres e Expositores Catholicos, pelo qual se esclarece a verdadeira doutrina do texto sagrado, e se refutaõ os erros subversivos dos novadores antigos, e modernos, por D. Fr. Joaquim de Nossa Senhora de Nazareth, Bispo de Coimbra, Conde de Arganil, e Senhor de Coja.*[6]

A segunda foi a edição do Novo Testamento dos franciscanos da Bahia. A decisão de fazer essa edição foi tomada no Primeiro Congresso Católico Brasileiro, em 1900, na Bahia. A finalidade da nova tradução seria combater a divulgação de edições protestantes da Bíblia no Brasil.[7]

A presença de missionários protestantes no Brasil, de fato, começava a se tornar mais intensa. Paulo Augusto de Souza Nogueira, em um artigo intitulado "A Bíblia dos primeiros protestantes no Brasil", traz uma série de depoimentos de grande valor para compreender o papel da Bíblia no trabalho desses missionários nos século XIX e XX.[8]

Os depoimentos são de missionários estrangeiros que chegaram ao Brasil; quase todos eram anglo-saxões e aportaram no Rio de Janeiro. Eles se depararam com o modo de vida na sociedade brasileira e ficaram chocados. Quatro elementos são postos em destaque a partir da ótica desses missionários: as exóticas cerimônias e rituais católicos praticados pelos brasileiros, o grande número de escravos, a imoralidade dos costumes e o desconhecimento da Bíblia.

---

[6] *Bíblias do mundo*, p. 15.
[7] J. Pereira, Portugaises (versions) de la Bible, c. 568.
[8] Nesse artigo, Nogueira se refere ao livro *História Documental do Protestantismo no Brasil*, de Duncan Alexander Reily, de onde retira os depoimentos com os quais trabalha. P. Nogueira, A Bíblia dos primeiros protestantes no Brasil, p. 99.

Para P. Nogueira, a constatação de que faltam *bíblias* no Brasil não é uma entre as demais, mas a causa de todas as demais. No universo cultural do missionário inglês, a Bíblia desempenhava um papel civilizatório e, sem ela, somente resta a triste constatação de decadência da sociedade brasileira:[9]

> A constatação interpretativa de que as misérias de nossa sociedade estavam associadas à prática da religião católica ficam evidentes nestas antigas impressões sobre o Brasil. Religião católica se torna sinônimo de cristianismo sem a Bíblia. Se não tem a Bíblia, lhe falta moralidade e civilização.[10]

Para esses missionários, o que teria tornado a Inglaterra um país progressista não teria sido seu poderio militar, nem suas relações comerciais, nem as relações com suas colônias, nem ainda a cultura de suas elites, mas o fato de ter a Bíblia e liberdade.

Segundo P. Nogueira, os missionários protestantes no Brasil seguiram três passos em relação à edição da Bíblia a ser apresentada aos brasileiros. O primeiro foi apresentar uma Bíblia sem notas e comentários. O segundo foi adotar a tradução do padre Antonio de Figueiredo. O terceiro foi mostrar que a tradução protestante de João Ferreira de Almeida não divergia substancialmente da tradução de Figueiredo. Havia uma tentativa de demonstrar que "não havia Bíblia falsa" e essa demonstração fazia apelo à razão. Assim, começou a estratégia de distribuição e venda de exemplares da Bíblia por parte dos protestantes.[11]

P. Nogueira também afirma que "é bastante questionável a afirmação protestante de que lê a Bíblia sem mediações e intervenções eclesiásticas".[12] Ele cita, a esse respeito, as confissões

---

[9] P. Nogueira, A Bíblia dos primeiros protestantes no Brasil, p. 99-101.
[10] P. Nogueira, A Bíblia dos primeiros protestantes no Brasil, p. 102.
[11] P. Nogueira, A Bíblia dos primeiros protestantes no Brasil, p. 104-105.
[12] P. Nogueira, A Bíblia dos primeiros protestantes no Brasil, p. 106.

de fé das primeiras igrejas nacionais, nos primeiros anos de suas fundações. Essas confissões de fé davam, de fato, um quadro doutrinário no qual a Bíblia era lida e interpretada. Havia ainda, segundo ele, "uma espécie de cânon bíblico velado que confessava as preferências temáticas e as opções ideológicas dos seus leitores".[13] Os primeiros protestantes brasileiros adotaram o cânon trazido pelos missionários estrangeiros, que se refere ao papel civilizatório do protestantismo. Segundo P. Nogueira, "nesta interpretação, a Bíblia é lida, antes de tudo, como um código refinado de ética, que uma vez seguido garante prosperidade e felicidade aos fiéis".[14]

Essa perspectiva de interpretação da Bíblia está presente na "declaração ao povo dos Estados Unidos", a carta de fundação da Sociedade Bíblica Americana, que teve forte atuação na divulgação de exemplares da Bíblia no Brasil. Essa declaração conclamava o povo dos Estados Unidos a contribuir financeiramente para que a Bíblia pudesse chegar a todas as famílias. Uma família transformada pela leitura Bíblia "pode se tornar um ponto de irradiação de graça e verdade para uma vizinhança de erro e vício".[15]

Esse mesmo princípio está presente na carta de fundação da Sociedade Bíblica do Brasil, datada de 1948:

> A sociedade, de natureza exclusivamente filantrópica, de caráter geral e indiscriminado, tem como objetivo promover e intensificar, sem escopo lucrativo, a difusão das Escrituras Sagradas como meio de elevação moral, e espiritual do povo brasileiro.[16]

Enfim, P. Nogueira denuncia o que chama de "visão negativa do ser humano e da cultura", que estaria na base do princípio que

---

[13] P. Nogueira, A Bíblia dos primeiros protestantes no Brasil, p. 106.
[14] P. Nogueira, A Bíblia dos primeiros protestantes no Brasil, p. 106.
[15] P. Nogueira, A Bíblia dos primeiros protestantes no Brasil, p. 106.
[16] Citado por P. Nogueira, A Bíblia dos primeiros protestantes no Brasil, p. 107.

tanto regeu o trabalho dos primeiros missionários protestantes no Brasil, quanto continuou regendo o trabalho posterior dos missionários protestantes e ainda da formação das sociedades bíblicas.[17]

Pelo lado católico, na primeira metade do século XX, continuavam a surgir traduções da Bíblia que traziam uma nota polêmica contra os protestantes, ainda que apresentadas como uma defesa contra os ataques sofridos. É assim que a edição da tradução de Matos Soares trazia em seu prólogo as seguintes palavras:

> Há muito tempo que os protestantes acusam a Igreja católica de proibir aos fiéis a leitura da Bíblia em língua vulgar. É fácil porém reconhecer a falsidade desta acusação. São inúmeras as versões da Bíblia, que teem sido feitas em todos os séculos, e em todos os países e línguas da terra com a aprovação e aplauso da Igreja católica, a qual não se cansa de recomendar a leitura e a meditação dêste livro admirável, *todo escrito para nosso ensino*, como diz S. Paulo (Rom. XV,4). Proíbe, sim, a Santa Igreja a leitura de algumas versões da Bíblia, em que é mutilada a palavra de Deus, e falseado o seu verdadeiro sentido. Estão neste número as que são profusamente distribuídas pelas sociedades bíblicas protestantes acompanhadas muitas vezes de panfletos em que se dá ao texto sagrado interpretações falsas, que muito mal fazem às almas.[18]

Em meados do século XX, era publicada a tradução do Novo Testamento de Vicente Zioni (*Novo Testamento, versão portuguesa segundo a Vulgata latina pelo Pe. Vicente Zioni*. São Paulo: Pia Sociedade de São Paulo, 1943), que trazia, em suas últimas páginas, um elenco de "textos da Bíblia Sagrada que constituem o dogma católico contra os erros dos protestantes".[19]

---

[17] P. Nogueira, A Bíblia dos primeiros protestantes no Brasil, p. 108.
[18] *Bíblia Sagrada* (1933), prólogo. O mesmo prólogo vem reproduzido em uma edição de 1964, e em outra de 1975, ambas feitas no Brasil.
[19] *Novo Testamento* (1943), p. 473.

O clima de animosidade entre católicos e protestantes em relação à Bíblia, que existia no século XX, pode ser percebido nestas palavras de Adauto de Palma, frade franciscano, em seu livro *O católico perante a Bíblia*:

> Os hereges interpretaram a sensata ordem papal por sinal de fraqueza e *concentram todos os esforços na difusão da Bíblia traduzida*, mania essa que se inoculou na medula do Protestantismo, caracterizando-o até nossos dias. Acharam um instrumento talhado para seus intentos num apóstata do século XVII, João Ferreira A. de Almeida, que se tornara ministro calvinista em Holanda.[20]

De Palma também escreve a respeito das edições protestantes da tradução de Antonio de Figueiredo:

> [Ù]ltimamente publicaram diversas edições truncadas da versão de Figueiredo, *eliminando dela maldosamente os livros deuterocanônicos do Antigo Testamento*, sem advertência alguma ao leitor, bem como as introduções e notas do mesmo Pe. Figueiredo.[21]

Chama a atenção a linguagem usada por De Palma.

A partir de então, a situação começa a mudar e cresce a cooperação entre católicos e protestantes no campo dos estudos bíblicos. No plano internacional, vale destacar o aparecimento da Tradução Ecumênica da Bíblia e, no cenário brasileiro, o surgimento da edição brasileira da Bíblia de Jerusalém, na qual contribuíram tradutores protestantes.

---

[20] A. de Palma, *O católico perante a Bíblia*, p. 58. A "sensata ordem papal" à qual A. de Palma se refere é a bula de Pio IV, *Dominici Gregis*, de 24 de março de 1564, que exigia uma licença do bispo ou do inquisidor para a utilização da Bíblia em uma versão em língua vernácula.

[21] A. de Palma, *O católico perante a Bíblia*, p. 59.

EXCERTO 3

A Sociedade Bíblica do Brasil (SBB)

Desde o início do século XIX, as sociedades bíblicas começaram a enviar ao Brasil exemplares da Bíblia em português, desde a abertura dos portos, quando foi liberada a importação de livros para o Brasil. A partir da segunda metade do século XIX, a Sociedade Bíblica Britânica e Estrangeira e a Sociedade Bíblica Americana começaram a enviar representantes ao Brasil e a abrir agências no território brasileiro e, com isso, puderam intensificar suas campanhas de propagação da Bíblia em terras brasileiras.

Em 12 de junho de 1948, era criada a Sociedade Bíblia do Brasil (SBB). A cerimônia de criação da SBB aconteceu no templo da Primeira Igreja Batista do Rio de Janeiro. Seu objetivo era "tornar a Bíblia o Livro do Brasil".[1] No ano de 2006, a SBB já era, entre as 141 sociedades bíblicas existentes, a líder em distribuição de exemplares da Bíblia. No mesmo ano, a Gráfica da Bíblia, da SBB produzia e exportava exemplares da Bíblia em 17 idiomas, para 93 países, o que fez da SBB a maior produtora de *bíblias* entre todas as sociedades bíblicas.[2]

Os números expressivos de exemplares da Bíblia produzidos e distribuídos pela SBB respondem a um objetivo que se pode perceber por este testemunho de Luiz Antonio Giraldi em seu livro *A história da Bíblia no Brasil*:

---
[1] L. A. Giraldi, *História da Bíblia no Brasil*, p. 11.
[2] L. A. Giraldi, *História da Bíblia no Brasil*, p. 11.

Esses números revestem-se de maior significado espiritual quando nos lembramos de que grande parte dessas publicações bíblicas foi lida por pessoas que não conheciam o evangelho. Eles leram a Palavra de Deus pela primeira vez e conheceram Jesus e sua mensagem salvadora. Milhões de leitores foram impactados pelo poder do evangelho e tiveram sua vida transformada pela ação regeneradora do Espírito Santo. Por isso, passaram a ser pessoas mais bondosas, mais honestas, mais pacíficas e mais educadas. E, no convívio familiar, esses novos leitores da Bíblia que foram alcançados pela graça salvadora de Cristo se tornaram melhores pais, melhores mães e melhores filhos. Tornaram-se melhores profissionais e melhores cidadãos e passaram a dar uma contribuição maior para o futuro do Brasil.[3]

---

[3] L. A. Giraldi, *História da Bíblia no Brasil*, p. 11-12.

EXCERTO 4

A Sociedade Bíblica Trinitariana

A Sociedade Bíblica Trinitariana surgiu em 1831 de uma dissidência da Sociedade Bíblica Britânica e Estrangeira. De acordo com material de apresentação dessa Sociedade, o motivo do rompimento foi de ordem doutrinária. Alguns membros da Sociedade Bíblica Britânica e Estrangeira não teriam aceitado que pessoas que não professavam a divindade de Jesus Cristo pudessem chegar a ocupar cargos de diretoria na Sociedade.[1]

O objetivo da Sociedade Bíblica Trinitariana é "promover a Glória de Deus e a salvação dos homens mediante a propagação, tanto no solo pátrio como no estrangeiro, sustentados pela ajuda divina, das SAGRADAS ESCRITURAS".[2] Há uma ressalva: de que a Sociedade propagará as Sagradas Escrituras "sem notas nem comentários" e "excluindo os livros apócrifos".[3]

A Sociedade Bíblica Trinitariana se opõe à prática de divulgar versões da Bíblia que sejam da Igreja Católica. Isso porque essas versões, se mais antigas, foram feitas da Vulgata latina e são acompanhadas de notas explicativas, se mais atuais, são traduções feitas do grego e do hebraico, mas também são acompanhadas de notas. De acordo com a Sociedade, "[e]ssas versões contêm muitos erros, tanto no texto em si como nas notas."[4] Nenhum desses erros, no entanto, é apontado.

---

[1] *Apresentação da Sociedade Bíblica Trinitariana*, p. 1.
[2] *Apresentação da Sociedade Bíblica Trinitariana*, p. 2.
[3] *Apresentação da Sociedade Bíblica Trinitariana*, p. 2.
[4] *Apresentação da Sociedade Bíblica Trinitariana*, p. 4.

A Sociedade Bíblica Trinitariana também se opõe à cooperação para a realização de traduções ecumênicas da Bíblia, não aceitando o acordo de 1968, assumido pelas Sociedades Bíblicas Unidas, que prevê a cooperação entre católicos e protestantes para a tradução comum da Bíblia.[5] A Sociedade Bíblica Trinitariana, inclusive, denuncia que a Sociedade Bíblica Britânica e Estrangeira modificou seu regulamento para que fosse possível conceder a permissão para que os livros apócrifos sejam incluídos nas versões publicadas pela Sociedade.[6] Nesse sentido, "[a] Sociedade Bíblica Trinitariana não se uniu às Sociedades Bíblicas Unidas e não tem relação alguma com o Concílio Mundial de Igrejas e nem com movimento algum ecumênico liberal."[7]

A Sociedade Bíblica Trinitariana do Brasil foi fundada em 1960, na cidade de São Paulo.[8] Atualmente, ela mantém a edição da Bíblia Sagrada, Almeida Corrigida Fiel.

---

[5] Esse acordo, conforme referido anteriormente, foi o que proporcionou a existência da Tradução Ecumênica da Bíblia.
[6] *Apresentação da Sociedade Bíblica Trinitariana*, p. 4. Esses livros apócrifos são aqueles chamados de deuterocanônicos pela Igreja Católica.
[7] *Apresentação da Sociedade Bíblica Trinitariana*, p. 5.
[8] *Apresentação da Sociedade Bíblica Trinitariana*, p. 6.

EXCERTO 5

A Liga de Estudos Bíblicos (LEB)

A Liga de Estudos Bíblicos (LEB) nasceu na I Semana Bíblica Nacional, que aconteceu em São Paulo, de 3 a 8 de fevereiro de 1947. Seu primeiro presidente foi o padre jesuíta Ernesto Vogt, que, depois, tornou-se reitor do Pontifício Instituto Bíblico, em Roma, de 1949 a 1963. O primeiro vice-presidente da LEB foi frei João José Pedreira de Castro. De acordo com F. P. Richtmann, no entanto, os maiores paladinos da LEB foram seu secretário e tesoureiro, respectivamente, o padre salesiano Antônio Charbel, e o padre Heládio Correia Laurini. Dessa Semana Bíblica também nasceu o dia da Bíblia, a ser comemorado no último domingo do mês de setembro. A II Semana Bíblica Nacional aconteceu em janeiro de 1950.

Com a nomeação de Ernesto Vogt como reitor do Pontifício Instituto Bíblico e a partida de Antônio Charbel para esse mesmo Instituto a fim de continuar seus estudos, a diretoria da LEB teve que ser reestruturada. A presidência ficou, então, com Heládio Correia Laurini, cargo que passou a acumular com o de tesoureiro. A vice-presidência ficou com o padre doutor José Sebastião Saba, que tinha recusado a presidência. Na nova composição, frei João José Pedreira de Castro tornou-se o secretário da LEB.[1]

Nos anos de 1950, começaram a ser promovidas "semanas bíblicas" em várias dioceses do Brasil. As dioceses pioneiras foram Natal (1947 e 1948) e Campinas (1948). Há um interessante testemunho de dom Estêvão Bettencourt sobre o significado que essas semanas chegaram a alcançar:

---

[1] F. P. Richtmann, O atual movimento bíblico católico no Brasil, p. 95.

Estas se vêm realizando regularmente em âmbito diocesano ou apenas paroquial, de Norte a Sul do país. Têm lugar de preferência nos dias que precedem o *Domingo da Bíblia*, o último de setembro, próximo à festa de São Jerônimo (patrono dos estudos escriturísticos). Associações religiosas e Colégios tomam parte importante nas atividades da *Semana*; promovem-se então conferências especializadas, exposições bíblicas, concursos públicos (maratonas) entre estudantes, sessões de projeções, filmes e quadros vivos, programas radiofônicos, além de larga difusão do texto sagrado: para tais solenidades, existe até mesmo o *Hino da Bíblia*. Não raro as sociedades culturais, os Institutos de Ensino Superior e as autoridades do govêrno prestam eficiente apoio a tais *Semanas*; a Biblioteca Nacional colaborou para o sucesso da Exposição Bíblica realizada no Rio de Janeiro em 1953; semelhante mérito tocou à Biblioteca Municipal de Curitiba na Semana Bíblica celebrada naquela cidade em 1956.[2]

De acordo com G. Gorgulho, a Liga de Estudos Bíblicos (LEB) cuidava de reunir os trabalhos dos professores dos seminários em diversas semanas bíblicas, bem como promover a publicação de textos sagrados. Gorgulho também se refere à "Revista de Cultura Bíblica", mantida pela LEB.[3]

A V Semana Bíblica Nacional foi programada para junho de 1961, em Porto Alegre. O tema central de estudos seria "Messianismo". A programação da Semana ficava assim estabelecida: os três primeiros dias para o tema central da Semana, o quarto dia com suspensão dos trabalhos e atividade de recreação, o quinto e o sexto dias para comunicações sobre argumentos da atualidade.[4] Posteriormente, a data da V Semana Bíblica Nacional foi fixada para os dias 10 a 15 de julho.[5]

---

[2] E. Bettencourt, citado por F. P. Richtmann, O atual movimento bíblico católico no Brasil, p. 96.
[3] L. B. Gorgulho, Movimento bíblico fato antigo e moderno, p. 43.
[4] Noticiário, p. 125.
[5] Noticiário, p. 347.

Conclusão

A pesquisa aqui apresentada sobre a história da Bíblia no Brasil foi mais descritiva que analítica, ou seja: mais apresentou dados que os analisou, ainda que o olhar do observador não seja neutro. A partir desses dados apresentados, podem-se levantar algumas questões. Aliás, retomar algumas questões, a modo de síntese, que já apareceram no decorrer da própria apresentação dos dados.

O panorama complexo e variado de edições da Bíblia publicadas no Brasil por si só já levanta a questão se não se chegou a um número excessivo de publicações. O futuro parece incerto: quais dessas edições vão permanecer, quais irão desaparecer? Há uma lógica de mercado que influencia o aparecimento de novas edições da Bíblia? O surgimento das edições eletrônicas, direcionadas para novas mídias digitais também levanta questões. Elas chegarão a conquistar o mercado? Há outros fatores que influenciam o aparecimento de novas edições da Bíblia ou novas edições ou reimpressões das edições atualmente em circulação?

Chama a atenção o surgimento, nos últimos anos, de edições da Bíblia ditas "de estudo". Algumas dessas edições foram preparadas de uma só vez: tradução, introduções e notas. Outras retomam traduções mais antigas, às quais as notas são acrescidas. Outras ainda mesclam notas de uma edição estrangeira ao texto de uma tradução já publicada no Brasil. Essas edições demonstram o interesse dos fiéis pelo estudo do texto bíblico. Interesse esse nem sempre bem atendido por essas mesmas edições, de modo especial nas edições híbridas em que as notas não foram elaboradas em vista do texto que pretendem explicar. Haveria ainda que levar em consideração que o excesso de notas obscurece o texto, tira-o da evidência, e cansa o leitor.

Algumas edições da Bíblia atraíram a atenção pela inovação no método de tradução. Todavia, esses métodos não têm como inovar sempre. De fato, as traduções se alinham entre dois polos: do mais literal, que sacrifica o sentido do texto de chegada, ao parafrástico, que sacrifica a genialidade e o estilo do texto de partida. Entre esses dois polos se situam as traduções da Bíblia, umas mais próximas do polo da literalidade, outras mais próximas do polo parafrástico. Na língua portuguesa, inclusive, é sintomático que as duas traduções clássicas da Bíblia se alinhem uma em direção ao polo da literalidade (a de João Ferreira de Almeida, feita a partir dos idiomas originais) e outra em direção ao polo da paráfrase (a de Antonio Pereira de Figueiredo, feita a partir do texto latino).

A questão de qual texto traduzir também merece ser retomada nesta conclusão. No âmbito da Igreja Católica, passou-se da tradução do texto da Vulgata à tradução do texto das edições críticas do Antigo e do Novo Testamento. No âmbito das igrejas reformadas, também ocorreu uma mudança: do texto das primeiras edições impressas, dentre as quais a edição do *Textus Receptus* do Novo Testamento, também em direção ao texto das edições críticas atuais, ou seja, *Biblia Hebraica* e *Novum Testamentum Graece* (Nestle-Aland). Essa mudança reflete o estágio a que chegou a crítica textual moderna em sua busca pelo chamado texto original. Ela, entretanto, não leva em consideração a diversidade de formas textuais que sempre existiu para o texto bíblico e que, de certa forma, acaba reforçada a cada nova edição da Bíblia.[1]

---

[1] A esse respeito seria interessante registrar o projeto "La Bible en ses traditions", da Escola Bíblica de Jerusalém, mesmo lugar de origem da Bíblia de Jerusalém, que tem como finalidade resgatar a diversidade textual e de interpretação do texto bíblico. O projeto é apresentado na publicação interna: *La Bible en ses traditions*: définitions suivies de douze études. Sous la responsabilité de l'École Biblique et Archéologique Française de Jérusalem. No Brasil, uma breve apre-

A edição crítica do texto do Novo Testamento assinalada acima se tornou, com o passar do tempo, uma edição feita por biblistas de diversas igrejas cristãs. Entre as edições da Bíblia publicadas no Brasil, várias são o resultado de um trabalho ecumênico de cooperação. Isso pode ser considerado como um grande avanço, que ajudou a superar o clima de animosidade que existia, de modo especial entre católicos e protestantes, com acusações mútuas de mutilações e mudanças nas edições da Bíblia.

Enfim, para encerrar de modo otimista, a variedade de edições da Bíblia publicadas no Brasil mostra uma vivacidade e uma dinamicidade próprias da Palavra de Deus, que subsiste também na Bíblia (VD 8).[2] Para chegar a tantas edições, foi preciso que houvesse um corpo de biblistas com formação suficiente para esse trabalho. O Brasil é hoje um país que tem um número significativo de biblistas. Talvez tenha chegado a hora de esses biblistas se lançarem a outras tarefas, além do ensino nas faculdades e institutos de teologia e além da produção de novas edições da Bíblia.

---

sentação do projeto apareceu em: J. Taylor, A Bíblia em suas tradições, *Revista Dominicana de Teologia*, São Paulo, ano 3, n. 6, p. 122-129, 2008.

[2] Bento XVI, *Exortação apostólica pós-sinodal "Verbum Domini"*, p. 16-19.

Referências bibliográficas

Edições da Bíblia

O Novo Testamento: isto he todos os sacro sanctos livros e escritos evangelicos e apostolicos do novo concerto de nosso fiel Senhor Salvador e Redemptor Iesu Christo / agora traduzidos em portugues pelo Padre Joaõ Ferreira A. d'Almeida... Amsterdam: Viuva de J. V. Someren, 1681. Disponível em http://purl.pt/12730 Acesso em 15 Mar 2014.

Do Velho Testamento: o primeiro tomo que contèm os S.S. Livros de Moyses, Josua, Juizes, Ruth, Samuel, Reys, Chronicas, Esra, Nehemia & Esther. Traduzidos em portuguez por Joaõ Ferreira A. d'Almeida, Ministro Pregador do Santo Evangelho na Cidade de Batavia. Prefácio de Joaõ Mauritz Mohr e Lebrecht Augusto Behmer. Batávia: Officina do Seminario, 1748.

O Novo Testamento: isto he: todos os Sacrosanctos Livros e Escritos Evangelicos e Apostolicos do Novo concerto de nosso Fiel Senhor e Redemptor Jesu Christo. Traduzido em Portuguez pelo Reverendo Padre Joaõ Ferreira A. d'Almeida, Ministro Pregador do Sancto Evangelho nesta Cidade. Prefácio de Joaõ Mauritz Mohr. Batávia: Egbert Heemen, 1773.

O Novo Testamento de Jesu Christo, traduzido em portuguez segundo a Vulgata, com varias annotações historicas, dogmaticas, e moraes, e apontadas as differenças mais notaveis do original grego. Por Antonio Pereira de Figueiredo, deputado ordinario da Real Meza Censoria. Segunda impressão mais correcta no texto, e acrescentada nas notas. Vol. 1. Lisboa: Regia Officina Typografica, 1781.

Livro dos Salmos ou Salterio: traduzido em portuguez segundo a Vulgata, illustrado de amplos prolegomenos, notas frequentes, e lições variantes por Antonio Pereira de Figueiredo, deputado ordinario da Real Meza Censoria. Tomos I e II. Lisboa: Regia Officina Typografica, 1782.

A Bíblia Sagrada contendo o Velho e o Novo Testamento, traduzida em portuguez pelo padre João Ferreira A. D'Almeida, ministro pregador do sancto evangelho em Batavia. New York: Sociedade Americana da Bíblia, 1848. Disponível em www.archive.org Acesso em 29 Jul 2013.

A Bíblia Sagrada contendo o Velho e o Novo Testamento traduzida em portuguez segundo a Vulgata latina por Antonio Pereira de Figueiredo. Londres: Spottiswoode e Cia, 1864.

A Bíblia Sagrada contendo o Velho e o Novo Testamento; traduzida em portuguez segundo a Vulgata latina por Antonio Pereira de Figueiredo. Londres, W. Clowes e filhos, 1865.

A Bíblia Sagrada contendo o Velho e o Novo Testamento traduzida em portuguez segundo a Vulgata latina pelo Padre Antonio Pereira de Figueiredo. Da edição aprovada em 1842 pela rainha d. Maria II com a consulta do Patriarcha Arcebispo eleito de Lisboa. Lisboa: Depósito das Escrituras Sagradas, 1909.

Bíblia Sagrada. Traduzida e comentada pelo pe. Matos Soares. Pentateuco. Pôrto: Tipografia Pôrto Médico, 1933.

Bíblia Sagrada. Antigo Testamento. Psalmos – Provérbios – Eclesiastes – Cântico dos Cânticos – Sabedoria – Eclesiástico – Isaías – Jeremias – Trenos ou Lamentações de Jeremias – Baruc – Ezequiel – Daniel – Oséias – Joel – Amós – Abdias – Jonas – Miquéias – Naum – Habacuc – Sofonias – Ageu – Zacarias – Malaquias – Primeiro e Segundo Livro dos Macabeus. Traduzido da Vulgata e comentado pelo pe. Matos Soares. Pôrto: Tipografia Pôrto Médico, 1934.

Novo Testamento: Evangelhos, Atos dos Apóstolos, Epístolas, Apocalipse. Versão baseada no texto original confrontada com as variantes da Vulgata e brevemente anotada pelo P. Huberto Rohden. Rio de Janeiro: Cruzada da Boa Imprensa, 1938. 2ª edição.

Bíblia Sagrada, Edição da Editora Vozes. Tomo IV: *Novo Testamento*. Feita sob a direção de frei João José Pedreira de Castro, O.F.M. Petrópolis: Vozes, 1939. 2ª edição.

Bíblia Sagrada. Novo Testamento. Traduzido da Vulgata e comentado pelo pe. Matos Soares. Pentateuco. Pôrto: Tipografia Pôrto Médico, 1939.

Bíblia Sagrada. Antigo Testamento. Josué – Juizes – Primeiro, Segundo, Terceiro e Quarto Livro dos Reis – Primeiro e Segundo Livro dos Paralipomenos – Esdras – Neemias – Tobias – Judit – Ester – Job. Traduzido da Vulgata e comentado pelo pe. Matos Soares. Pôrto: Tipografia Pôrto Médico, 1940.

Novo Testamento: versão portuguesa segundo a Vulgata latina pelo Pe. Vicente Zioni, com uma adaptação do comentário do Pe. Eusébio Tintori, O.F.M. São Paulo: Pia Sociedade de São Paulo, 1943.

Novo Testamento: tradução do original grego pelo P. Dr. Frei Mateus Hoepers, OFM. Petrópolis: Editora Vozes, (1956).

Bíblia Sagrada contendo o Velho e o Novo Testamento reedição da versão do padre Antônio Pereira de Figueiredo, comentários e anotações segundo os consagrados trabalhos de Graire, Knabenbauer, Lesêtre, Lestrade, Poels, Vigoroux, Bousset, etc. organizados pelo padre Santos Farinha, acrescida de dois volumes contendo introduções utilizadas e estudos modernos elaborados por professores de Exegese do Brasil sob a supervisão do padre Antônio Charbel, S.D.B., ilustrações de Gustavo Doré. Edição aprovada pelo eminentíssimo senhor d. Carlos Carmelo de Vasconcellos Motta, dd. Cardeal arcebispo de São Paulo. 12 volumes. São Paulo: Editôra das Américas, 1959 a 1961.

A Bíblia Sagrada Velho e Novo Testamento: traduzida em português segundo a Vulgata latina pelo Padre Antônio Pereira de Figueiredo. Edição comentada com notas de eminentes teólogos, iluminada com 324 gravuras e mais dez ilustrações a côres em papel couché, fora do texto. Volume I. Rio de Janeiro: Guabaru, 1961.

Novo Testamento. Tradução e notas de Mons. Álvaro Negromonte. Rio de Janeiro: Agir, 1961. 3ª edição revista e ampliada.

Bíblia Sagrada. Tradução dos originais hebraico, aramaico e grego, mediante a versão francesa dos monges beneditinos de Maredsous (Bélgica) pelo Centro Bíblico de São Paulo. São Paulo: Ave Maria, 1964.

Bíblia Sagrada. Traduzida da Vulgata e anotada pelo pe. Matos Soares. São Paulo: Edições Paulinas, 1964. 19ª edição.

A Bíblia Sagrada, Velho e Novo Testamento. Versão da Imprensa Bíblica Brasileira baseada na tradução em português de João Ferreira de Almeida de acordo com os melhores textos em hebraico e grego. Rio de Janeiro: Casa Publicadora Batista, 1967.

Bíblia Sagrada: tradução dos textos originais, com notas, dirigida pelo Pontifício Instituto Bíblico. São Paulo: Paulinas, 1967.

Tradução do Nôvo Mundo das Escrituras Sagradas: tradução da versão inglêsa de 1961 mediante consulta constante ao antigo texto hebraico, aramaico e grego. Nova York: Watchtower Bible and Tract Society, 1967.

A Bíblia Sagrada: Antigo e Novo Testamento. Traduzida em português por João Ferreira de Almeida. Rio de Janeiro: Sociedade Bíblica do Brasil, 1969. Edição revista e atualizada no Brasil.

A Bíblia na linguagem de hoje: o Novo Testamento. Tradução na linguagem de hoje. Rio de Janeiro: Sociedade Bíblica do Brasil, 1973.

Bíblia Sagrada: traduzida da Vulgata e anotada pelo pe. Matos Soares. São Paulo: Edições Paulinas, 1975.

Bíblia Sagrada. Tradução da Vulgata pelo pe. Matos Soares. Coordenação de Honório Dalbosco. São Paulo: Paulinas, 1976. 34ª edição.

Bíblia: Novo Testamento. Petrópolis: Vozes, 1978.

A Palavra do Senhor: Novo Testamento. Tradução baseada no texto original grego e anotada por Mons. Lincoln Ramos. São Paulo, Editorial Dom Bosco, 1979. 3ª edição inteiramente revista por uma equipe de biblistas.

A Bíblia de Jerusalém: Novo Testamento. São Paulo: Edições Paulinas, 1979.

A Bíblia de Jerusalém. São Paulo: Edições Paulinas, 1981.

Bíblia Sagrada: Novo Testamento: edição pastoral. São Paulo: Paulinas, 1986.

Tradução do Novo Mundo das Escrituras Sagradas: tradução da versão inglesa de 1984 mediante consulta constante ao antigo texto hebraico, aramaico e grego. Cesário Lange: Associação Torre de Vigia, 1986.

Rezar os salmos hoje: tradução do original hebraico. Carlos Mesters e Francisco Teixeira. São Paulo: Duas Cidades, 1987. 21ª edição.

Tradução Ecumênica da Bíblia: Novo Testamento: edição integral. São Paulo: Loyola, 1987.

Bíblia Sagrada. Petrópolis: Vozes, 1988.

A Bíblia Sagrada: tradução na linguagem de hoje. São Paulo: Sociedade Bíblica do Brasil, 1988.

A Bíblia Sagrada: Velho Testamento e Novo Testamento, versão revisada da tradução de João Ferreira de Almeida de acordo com os melhores textos em hebraico e grego. 3ª impressão. Rio de Janeiro: Imprensa Bíblica Brasileira, 1988.

A Bíblia de Jerusalém: nova edição revista. São Paulo: Paulinas, 1989.

Bíblia Sagrada: edição pastoral. São Paulo: Paulinas, 1990.

Qohélet = O-que-sabe: Eclesiastes: poema sapiencial. Haroldo de Campos, com uma colaboração especial de J. Guinsburg. São Paulo: Perspectiva, 1991.

A Bíblia. Petrópolis e Aparecida: Vozes e Santuário, 1992. 15ª edição.

A Bíblia Sagrada. Traduzida em português por João Ferreira de Almeida. Revista e atualizada no Brasil. Barueri: Sociedade Bíblica do Brasil, 1993. 2ª edição.

Bíblia: mensagem de Deus. São Paulo: LEB e Loyola, 1994.

Bíblia: tradução ecumênica. São Paulo: Loyola, 1994.

A Bíblia: tradução ecumênica: texto bíblico integral com introduções e notas abreviadas. São Paulo: Paulinas e Loyola, 1996.

Bíblia do peregrino: Novo Testamento. São Paulo: Paulus, 2000. 2ª edição.

Bíblia Sagrada: nova versão internacional. Traduzida pela comissão de tradução da Sociedade Bíblica Internacional. São Paulo: Geográfica, 2000.

Bíblia Sagrada: tradução da CNBB, com introduções e notas. São Paulo: Loyola e Paulus, 2001.

Bíblia de Jerusalém. Nova edição, revista e ampliada. São Paulo: Paulus, 2002.

Bíblia: mensagem de Deus. Aparecida e São Paulo: Santuário e Loyola, 1994. Reedição de 2002.

Bíblia: mensagem de Deus. Aparecida e São Paulo: Santuário e Loyola, 2003.

Bíblia Sagrada. Tradução dos originais mediante a versão dos monges de Maredsous (Bélgica) pelo Centro Bíblico Católico. 2ª edição (formato grande) revista por † Frei João José Pedreira de Castro, O.F.M., e pela equipe auxiliar da Editora. Reimpressão. São Paulo: Ave Maria, 2004.

A Bíblia Sagrada. Traduzida em português por João Ferreira de Almeida. Revista e corrigida no Brasil. Edição de 1995. São Paulo: Sociedade Bíblica do Brasil, 2005.

Bíblia ilustrada. Volumes I-VII. Tradução: João Ferreira Annes d'Almeida. Apresentação e fixação do texto: José Tolentino Mendonça. Ilustrações: Ilda David'. Lisboa: Assírio & Alvim, 2006.

A Bíblia Sagrada contendo o Velho e o Novo Testamento. Traduzida em português por João Ferreira de Almeida. Edição corrigida e revisada fiel ao texto original. São Paulo: Sociedade Bíblica Trinitariana do Brasil, 2007.

Bíblia Sagrada: edição Almeida corrigida e revisada fiel ao texto original. ACF. Sociedade Bíblica Trinitariana do Brasil, 2007. Disponível em www.biblias.com.br

Bíblia Sagrada Almeida século 21: Antigo e Novo Testamento. Coordenação das revisões exegéticas e de estilo da versão *Bíblia Almeida Século 21* – Luiz Alberto Teixeira Sayão. São Paulo: Vida Nova, 2008.

Bíblia Sagrada. Traduzida em português por João Ferreira de Almeida. Revista e atualizada no Brasil. Barueri: Sociedade Bíblica do Brasil, 2009. 2ª edição.

Bíblia Sagrada Ave-Maria: 50 anos: edição comemorativa. Tradução dos originais grego, hebraico e aramaico mediante a versão dos monges beneditinos de Maredsous (Bélgica). Edição revisada. São Paulo: Edição Claretiana, 2009.

Bíblia Sagrada de Aparecida. Aparecida: Editora Santuário, 2009.

Bíblia do peregrino. São Paulo: Paulus, 2011. 3ª edição.

Evangelhos e Atos dos Apóstolos: novíssima tradução dos originais. Tradução, introduções e notas de Cássio Murilo Dias da Silva e Irineu J. Rabuske. São Paulo: Loyola, 2011.

A Bíblia: Novo Testamento. São Paulo: Paulinas, 2015.

Os Salmos da Bíblia. Luís I. J. Stadelmann. São Paulo: Loyola; Paulinas, 2015.

Bíblia fácil: Novo Testamento e Antigo Testamento. Tradução do original grego e comentários de frei Paulo Avelino de Assis. São Paulo: Centro Bíblico Católico, s/d.

A Bíblia do povo: com comentários de doutrinas, teologia, exegese, liturgia, geografia, arqueologia, história. São Paulo: Centro Bíblico Católico, s/d.

A Bíblia Sagrada contendo o Velho e o Novo Testamento traduzida segundo os originaes hebraico e grego. Traducção Brazileira. New York: American Bible Society, s/d.

Novo Testamento: tradução do texto original grego, com as variantes da Vulgata e amplamente anotada por Huberto Rohden. São Paulo, União Cultural Editôra, s/d.

Outros livros

Alves, Herculano. *A Bíblia de João Ferreira Annes d'Almeida.* Coimbra: Sociedade Bíblica de Portugal, Sociedade Bíblica do Brasil, Difusora Bíblica, 2006.

Babut, Jean-Marc. *Lire la Bible en traduction.* Lire la Bible, 113. Paris: Cerf, 1997.

Bento XVI. *Exortação apostólica pós-sinodal "Verbum Domini"*: sobre a Palavra de Deus na vida e na missão da Igreja. São Paulo: Paulinas, 2010.

La Bible en ses traditions: définitions suivies de douze études. Sous la responsabilité de l'École Biblique et Archéologique Française de Jérusalem (Não estão especificadas nem a cidade da edição, nem a editora, nem a data).

Bíblias do mundo: testemunhos de arte e fé. Mostra comemorativa do Dia da Bíblia. Catálogo. Compilação: Ana Virgínia Pinheiro. Rio de Janeiro: Biblioteca Nacional, 2011. Disponível em: http://blogdabn.files.wordpress.com/2012/03/biblias-do-mundo-catalogo-biblioteca-nacional.pdf Acesso em 29 Jul 2013.

Código de Derecho Canónico: texto latino y versión castellana, con jurisprudencia y comentarios por los catedráticos de texto del Código en la Pontificia Universidad Eclesiástica de Salamanca, Lorenzo Miguélez Domínguez, Sabino Alonso Morán y doctor Marcelino Cabreros de Anta. Prólogo de José López Ortiz. Madrid: Biblioteca de Autores Cristianos, 1945.

Código de Direito Canônico promulgado por João Paulo II, papa. Tradução: Conferência Nacional dos Bispos do Brasil. Notas, comentários e índice analítico Jesús Hortal. Segunda edição revista e ampliada com a legislação complementar da CNBB. São Paulo: Loyola, 1987.

De Palma, Adauto. *O católico perante a Bíblia*. Petrópolis: Vozes, 1956. III edição.

Enquiridion bíblico: documentos de la Iglesia sobre la Sagrada Escritura. Edición española preparada por Carlos Granados y Luis Sáchez Navarro. BAC, 691. Madrid: Biblioteca de Autores Cristianos, 2010.

Falcão, J. Almeida (João Ferreira de), em *Enciclopédia Luso-brasileira de cultura*. Tomo 1. Lisboa: Verbo, 1995; 1379-1381.

Falcão, J. Figueiredo (António Pereira de), em *Enciclopédia Luso-brasileira de cultura*. Tomo 8. Lisboa: Verbo, 1995; 785-787.

Figueiredo, Antonio Pereira. Prefação aos leitores, em *O Novo Testamento de Jesu Christo*, traduzido em portuguez segundo a Vulgata, com varias annotações historicas, dogmaticas, e moraes, e apontadas as differenças mais notaveis do original grego. Por Antonio Pereira de Figueiredo, deputado ordinario da Real Meza Censoria. Segunda impressão mais correcta no texto, e acrescentada nas notas. Vol. 1. Lisboa: Regia Officina Typografica, 1781; XV-LX. Disponível em http://books.google.com.br/books?id=X5cYHSDwOL0C&printsec=frontcover&hl=pt-BR#v=onepage&q&f=false Acesso em 29 Jan 2014.

Garmus, Ludovico. Fidelidade ao texto original e à linguagem atual: os bastidores da tradução da Bíblia Vozes, em Carlos A. Dreher e outros (orgs.). *Profecia e esperança*: um tributo a Milton Schwantes. São Leopoldo: Oikos, 2006.

Giraldi, Luiz Antonio. *História da Bíblia no Brasil*. Barueri: Sociedade Bíblica do Brasil, 2008.

Gruen, W. *Os mil recursos da Bíblia de Jerusalém*. São Paulo: Paulinas, 1981.

Konings, Johan. *A Palavra se fez livro*. Coleção FAJE. São Paulo: Loyola, 2010. 4ª edição.

Machado, Diego Barbosa. *Bibliotheca lusitana historica, critica e cronologica*. Tomo II. Lisboa: Ignacio Rodrigues, 1747. Disponível em https://bdigital.sib.uc.pt/bduc/Biblioteca_Digital_UCFL/digicult/UCFL-CF-E-9-1_4/UCFL-CF-E-9-1_4_item2/UCFL-CF-E-9-2/UCFL-CF-E-9-2_item2/index.html Acesso em 13 Jan 2014.

Megale, Heitor. Introdução, em *O Pentateuco da Bíblia medieval portuguesa*. Introdução e glossário de Heitor Megale. São Paulo: Imago/EDUC, 1992. Disponível em: http://books.google.com.br/books?id=NyicURj9sXUC&pg=PA20&lpg=PA20&dq=bíblia+medieval+portuguesa+serafim+da+silva+neto&source=bl&ots=_y97TJKGd4&sig=CwjJrvTtH2Pek5tBxs7ss_WBYrc& Acesso em 13 Jan 2014.

Melo, José Alexandre Teixeira de. *Catálogo por ordem chronologica das bíblias, concordancias e commentarios existentes na Bibliotheca Nacional do Rio de Janeiro*: extrahido do vol. XVII dos Annaes da Biblioteca Nacional. Rio de Janeiro: Typ. Leuzinger, 1895.

Mendonça, José Tolentino. Apresentação, em *Bíblia ilustrada*. Vol. I – Génesis – Levítico. Tradução de João Ferreira Annes d'Almeida. Apresentação e fixação do texto: José Tolentino Mendonça. Ilustrações: Ilda David. Lisboa: Assírio & Alvim, 2006.

Neves, G. Escritura (Sagrada), em *Enciclopédia Luso-brasileira de cultura*. Tomo 7. Lisboa: Verbo, 1995; 965-971.

Pereira, J. Portugaises (versions) de la Bible, em: *Dictionnaire de la Bible*. Tome cinquième, première partie. Paris: Letouzey et Ané, 1912; 559-569.

Perrella, Gaetano M. e Luigi Vagaggini. As versões modernas, em: Teodorico Ballarini (dir.). *Introdução à Bíblia*: com antologia exegética. Volume I – Introdução geral. Petrópolis: Vozes, 1968; 185-189.

Pio XII. Carta encíclica *Divino Afflante Spiritu*, em *Documentos sobre a Bíblia e sua interpretação (1893-1993)*. São Paulo: Paulus, 2004.

Pontifícia Comissão Bíblica. *A interpretação da Bíblia na Igreja*. Documentos Pontifícios, 260. Petrópolis: Vozes, 1994.

Ribeiro, Súsie Helena. *Traduções populares – os novos targumin?* Belo Horizonte: FAJE, 2009. Tese de doutorado. Disponível em: http://www.faculdadejesuita.edu.br/documentos/051212-dv09llxpLnEA6.pdf. Acesso em 10 Jul 2013.

Santos, Antonio Ribeiro dos. Memoria sobre algumas traducções, e edições biblicas menos vulgares; em lingua portugueza, especialmente sobre as obras de João Ferreira de Almeida, em *Memorias de litteratura portugueza*. Tomo VIII. Lisboa: Academia Real das Sciencias de Lisboa, 1806, p. 17-59. Disponível em: http://books.google.com.br/books?id=aeoAAAAAYAAJ&printsec=frontcover&dq=editions:0gYjJJzZ_Kxiy_vQTB&redir_esc=y#v=onepage&q&f=false. Acesso em 14 Jan 2013.

Scholz, Vilson. Bíblia de Almeida: sua origem, as revisões e os princípios envolvidos, em *Fórum de ciências bíblicas*. Volume 1 – 1600 anos da primeira grande tradução ocidental da Bíblia: Jerônimo e a tradução da Vulgata latina. Barueri: Sociedade Bíblica do Brasil, 2008. Disponível em http://books.google.com.br/books?id=-JTEOAQAAQBAJ&pg=PA14&lpg=PA14&dq Acesso em 21 Mar 2014.

Silveira, Manoel Joaquim. *Carta pastoral* do excellentissimo e reverendissimo arcebispo da Bahia, metropolitano primaz do Brasil, premunindo os seus diocesanos contra as mutilações e adulterações da Bíblia traduzida em portuguez pelo Padre João Ferreira A. d'Almeida; contra os folhetos e livrinhos contra a religião, que com a mesma Bíblia se tem espalhado nesta cidade, e contra alguns erros que se tem publicado no Paiz. Bahia: Typ. de Camillo de Lellis Masson & C., 1862 (microfilme).

Terra, João Evangelista Martins. *A Bíblia e a evangelização do Brasil*. São Paulo: Loyola, 1988.

Voigt, Simão. Versões em português, em Teodorico Ballarini (dir.). *Introdução à Bíblia*: com antologia exegética. Vol. I – *Introdução geral*.

Colaboraram: Gaetano M. Perrella e Luigi Vagaggini. Tradução com notas atualizadas e acréscimos por Simão Voigt. Petrópolis: Vozes, 1968; 187-189.

Voigt, Simão. Versões em português, em Josef Scharbert. *Introdução à Sagrada Escritura*. Tradução de Frederico Dattler. Petrópolis: Vozes, 1983; 165-169.

Periódicos

A continuidade da Bíblia Ave-Maria, *Revista Ave Maria*. São Paulo: Ave--Maria, ano 111 (setembro de 2009) p. 14.

A cooperação interconfessional na tradução da Bíblia, *Sedoc*. Petrópolis, ano 1 (1968) p. 33-42.

Amâncio, Moacir. Bíblia Hebraica, a nova versão que não é redundância, em *O Estado de São Paulo*, Cultura 2 (22/01/2006) p. D5. Disponível em http://www.sefer.com.br/details/9003/biblia-hebraica Acesso em 16 Fev 2014.

Chwarts, Suzana. Uma nova Bíblia em português, em *Revista 18, Centro da Cultura Judaica – Casa de Cultura de Israel*, ano IV, número 17 (2006). Disponível em http://www.sefer.com.br/details/9003/biblia-hebraica Acesso em 16 Fev 2014.

Ferrozoli, Isabel. A Bíblia Ave-Maria, *Revista Ave Maria*. São Paulo: Ave--Maria, ano 111 (setembro de 2009) p. 9-12.

Gorgulho, Luiz Bertrando. Movimento bíblico fato antigo e moderno, em *Igreja hoje*. Petrópolis: Vozes, número 8 (1966) p. 43-44.

Konings, Johan. A arte de traduzir a Bíblia, *Revista de Teologia e Ciências da Religião da UNICAP*. Recife, ano 8 (julho a dezembro de 2009) n. 2, p. 73-98.

Konings, Johan. Tradução e traduções da Bíblia no Brasil, *Perspectiva Teológica*. Belo Horizonte, número 35 (2003) p. 215-238.

Koser, Constantino. Frei João José Pedreira de Castro, *Vida Franciscana* (junho/1963) n. 30. Disponível em http://www.franciscanos.org.br/?page_id=955 Acesso 05 Fev 2014.

Nogueira, Paulo Augusto de Souza. A Bíblia dos primeiros protestantes no Brasil, *Estudos de Religião*: revista semestral de estudos e pesquisas em religião. São Bernardo do Campo, ano XII (julho de 1998) n. 14, p. 99-110.

Noticiário, *Revista de Cultura Bíblica*. São Paulo, v. 4 (1960) n. 15, p. 125.

Perfil, Pe. Gabriel C. Galache SJ, *Itaici, Revista de Espiritualidade Inaciana*. São Paulo, v. 35 (1999) p. 72-75.

Richtmann, Flodoaldo Proença. O atual movimento bíblico católico no Brasil (I), *Revista Eclesiástica Brasileira*. Petrópolis, ano 26, fascículo 1 (março de 1966) p. 81-100.

Santos, Valdeci S. As anotações da *Bíblia* de Scofield sob uma ótica reformada, *Fides Reformata*. 5/1 (2000). Disponível em http://www.mackenzie.br/fileadmin/Mantenedora/CPAJ/revista/VOLUME_V__2000__1/Valdeci.pdf Acesso em 02 Abr 2014.

Silva, Rafael Rodrigues da. Tradução mostra as interpretações do judaísmo para as escrituras sagradas, *Folha de São Paulo*, Ilustrada (02/09/2006). Disponível em http://www.sefer.com.br/details/9003/biblia-hebraica Acesso em 16 Fev 2014.

Taylor, Justin. A Bíblia em suas tradições, *Revista Dominicana de Teologia*, São Paulo, ano 3, n. 6, p. 122-129, 2008.

Toipa, Helena Costa. Cataldo Sículo e o mecenato da rainha d. Leonor, *Máthesis*. Viseu: Universidade Católica Portuguesa, Faculdade de Letras, ano 3 (1994) p. 167-197. Disponível em https://digitalis-dsp.sib.uc.pt/bitstream/10316.2/23994/1/mathesis3_artigo11.pdf Acesso em 05 Mar 2014.

Um sonho que vira realidade, a edição da Bíblia Sagrada, *Revista Ave Maria*. São Paulo: Ave Maria, ano 111 (setembro de 2009) p. 13.

Um trabalho pioneiro, em *Vida Pastoral*, São Paulo: Paulinas, ano XVII, n. 69 (maio/junho 1976) p. 3.

Sítios da internet

Bíblia Sagrada: tradução brasileira. Disponível em http://www.sbb.com.br/detalhes.asp?idproduto=1128561 Acesso em 28 Dez 2013.

Comissão Pontifícia Bíblica. Disponível em http://www.vatican.va/roman_curia/congregations/cfaith/pcb_documents/rc_con_cfaith_pro_14071997_pcbible_po.html Acesso em 15 Set 2013.

Constituição Dogmática "Dei Verbum" sobre a revelação divina. Disponível em http://www.vatican.va/archive/hist_councils/ii_vatican_council/documents/vat-ii_const_19651118_dei-verbum_po.html Acesso em 22 Abr 2013.

Família Hoepers. Disponível em http://www.hoepers.com.br/frases/familia2.asp?cod=56& Acesso em 14 Out 2014.

Frei Paulo Avelino de Assis, OFM. Disponível em http://franciscanos.org.br/?p=2941 Acesso em 13 Jun 2014.

Google books. Disponível em https://www.google.com/search?q=B%C3%ADblia+matos+soares&btnG=Pesquisar+livros&tbm=bks&tbo=1&hl=pt-BR Acesso em 01 Fev 2014.

Imprensa Braile. Disponível em http://www.sbb.org.br/interna.asp?areaID=37 Acesso em 24 Jan 2014.

Lerer, Bernardo. Inédito, um Tanach em português! Disponível em: http://www.sefer.com.br/details/9003/biblia-hebraica Acesso em 09 Fev 2014.

Catálogos, folhetos, e-mail, entrevistas e outras comunicações pessoais

Apresentação da Sociedade Bíblica Trinitariana. São Paulo: Sociedade Bíblica Trinitariana do Brasil, s/d.

Anderson, Ana Flora e Gilberto S. Gorgulho. Entrevista concedida em 13 Dez 2010.

Fundação biblioteca nacional, *Catálogo de obras raras.* Acesso via internet em 26 Jun 2013.

Garmus, Ludovico. Correspondência pessoal via e-mail, datado de 17 Fev 2013.

Konings, Johan. Considerações em torno da Bíblia da CNBB, abril de 2008. Material digital disponibilizado pelo autor.

Lista dos nomes mencionados
Tradutores, revisores, editores e artistas das traduções da Bíblia ao português

Muitas pessoas já trabalharam em traduções da Bíblia para o português e em edições da Bíblia no Brasil. O nome de muitas dessas pessoas acabou perdendo-se com o tempo. O elenco que vem a seguir é apenas indicativo. Faltam muitos nomes, de modo especial, entre aqueles que trabalharam na tradução de edições protestantes, que, em geral, não trazem os nomes de tradutores.

Antes de iniciar esse elenco, vale transcrever uma citação, ainda que longa, da Bíblia Sagrada, Tradução na Linguagem de Hoje:

> Você, que lê e estuda a Bíblia, é convidado a pensar sempre e com gratidão no imenso trabalho que está por trás do livro que tem nas mãos. Pense nos milhares de copistas que no passado distante copiaram com carinho e atenção cada palavra do texto. Pense no cuidado minucioso dos especialistas que nos tempos modernos têm procurado chegar a um texto bíblico que esteja o mais perto possível dos manuscritos originais. Pense nas pesquisas cansativas dos que têm produzido gramáticas, dicionários, concordâncias e outros auxílios indispensáveis ao tradutor. Pense nos exegetas, que se esforçam para descobrir o sentido do texto bíblico. Pense nos tradutores, sempre à procura da melhor maneira de expressar a verdade bíblica na linguagem do povo. Não se esqueça do trabalho paciente dos que cuidam da composição, revisão, impressão e distribuição da Bíblia. E agradeça àqueles que por meio de ofertas permitem a venda da Bíblia a preços acessíveis.[1]

---

[1] *A Bíblia Sagrada: tradução na linguagem de hoje* (1988), p. VII.

A

Akker, Jacobus Opden 27
Alcobaça, Bernardo de 19
Almeida, Abraão de 41, 90
Almeida, João Ferreira Annes de
11, 21, 22, 23, 24, 25, 26, 28, 29, 30,
31, 33, 34, 35, 36, 37, 38, 39, 40, 41,
42, 43, 45, 60, 66, 82, 85, 90, 137,
138, 139, 141, 152
Almeida, Marcos C. de 73, 90
Anderson, Ana Flora 89, 90
Assis, Paulo Avelino de 70, 111
Azevedo, Walmor Oliveira de 102

B

Balancin, Euclides Martins 91, 98
Baraúna, Luiz João 96
Barbosa, Rui 59, 89
Barbosa, Samuel Martins 89
Bazaglia, Paulo 99
Behmer, Lebrecht August 28
Belinatto, Guilherme 96
Berditchevsky, Marcel 106
Bettencourt, Estêvão 73, 89, 96, 149
Boff, Bernadete 109
Bombonatto, Vera Ivanise 109
Booz, Pedro Maria 61
Borer, Marcelo 106
Bortolini, José 98, 103, 105
Bosi, Alfredo 90
Bouzon, Emanuel 75, 89
Boy, Thomas 41
Braun, Alberto 73
Broshuis, Inês 103
Brown, William Campbell 59

C

Campos, Haroldo de 112
Campos, Hipólito de Oliveira 59
Campos, José Isabel da Silva 96, 102
Caravina, Lucas 79
Castro, João José Pedreira de 64,
65, 69, 70, 73, 74, 149
Charbel, Antônio 52, 73, 79, 96, 149
Cipriani, Vitório Maximino 97
Conchas, Daniel de 79

D

Dalbosco, Honório 62, 79
Dal, Nicoláo 30
Dattler, Frederico 73, 74, 79
Dias, Cristina Maria 103
Dietrich, Luiz José 99
Dondici, Geraldo 102
Doré, Gustavo 76
Dutra, Darci 73, 96

F

Farinha, Manoel José dos 51
Fernandes, Leonardo Agostini 109
Figueiredo, Antonio Pereira de 11,
18, 21, 33, 45, 46, 47, 48, 49, 50, 51,
52, 53, 138, 139, 141, 144, 152
Frainer, Clóvis 97
Franca, Leonel Edgard da
Silveira 52, 111
Freitas, José de Senna 61
Fridlin, Jairo 106
Frinhani, Marlene 103
Frizzo, Antonio Carlos 99

G

Gaio, J. L. 96
Galache, Gabriel Corral 73, 96
Garmus, Ludovico 58, 64, 70, 74, 75, 76, 77, 78, 91, 102
Giorgio, Flávio Vespasiano di 90
Girola, R. 96
Giuliano, Mateus F. 73
Gorgulho, Gilberto da Silva 89, 90, 92, 96, 150
Gorodovits, David 106
Goulart, José Dias 98, 99, 105
Graça, Heráclito 59
Grenzer, Matthias 109
Grimaldi, C. 97
Gruen, Wolfgang 94, 97, 103
Grundler 43
Guimarães, Edna Batista 41

H

Heynen, Bartholomeu 25
Hoepers, Mateus (Leonardo) 70, 73, 74, 75

J

Jiménez, Manuel 73

K

Kaefer, José Ademar 99
Kapor, Cristina 68
Kehdi, Valter 90
Kipper, João Balduíno 73, 75
Kirschner, Estevan F. 41
Klein, Damião 58
Klein, Luís Fernando 73
Knabenbauer, J. 57
Konings, Johan 13, 96, 101, 102, 103, 104, 105, 118, 119, 121
Kroker, Valdemar 41
Kyle, John M. 59

L

Lancastre, Philippa de 18
Lane, William 41
Laurini, Heládio Correia 73, 149
Leão, Emmanuel Carneiro 74
Leite, Remígio Cerqueira 59
Lima, H. de S. 96
Lima, Tiago de 41
Lisboa, Walter Eduardo 109
Lopes, Jean Richard 109
Lopes, Marisa K. A. de Siqueira 41

M

Malkomes, Robinson 41
Mallmann, Emílio 73
Malzoni, Cláudio Vianney 109
Maraschin, Jaci Correa 96
Marcionilo, Marcos 96, 103
Marques, Maria Antônia 99
Maurer Junior, Theodoro Henrique 89
Melamed, Heir Masliah 78, 107
Mendes, João Pedro 90
Mendonça, Antônio da Silveira 90
Mendonça, José Tolentino 16, 90, 109
Menezes, Aldo 41
Mesters, Carlos 76, 99, 112
Meyer, Alberto 59
Miranda, Luiz Antônio 90
Mohr, Johan Maurits 28, 32

Moreira, Fernando 73
Mota, Jorge César 89
Moura, Pedro 41

N

Nakanose, Shigeyuki 99
Nascimento, Carlos Henrique de Jesus 103, 109
Nascimento, Teresa 103
Nazareth, Joaquim de Nossa Senhora de 12, 66, 140
Negromonte, Álvaro 65
Nery, I. J. 96
Nogueira, Paulo Augusto de Souza 109, 140, 141, 142
Noronha, Maria do Carmo 103

O

Oliva, M. 96
Oliveira, Benjamin Carreira de 89, 90
Oliveira, Daniel de 41, 90
Oliveira, Eduardo Quirino de 73, 90, 96
Oliveira, Vilson Dias de 90
Orofino, Francisco 99, 103
Orth, Edgar 77

P

Paiva, Raul Pache de 73, 96
Paixão Neto, João 68
Passero, Hilário 68
Pastro, Cláudio 98, 99, 105
Paul, Cláudio 102
Paves, Saul 106
Pereira, Eduardo Carlos 59
Pereira, José Basílio 49, 57

Pereira, Ney Brasil 73, 75, 89, 96, 102
Persch, Léo 79
Peters, Eurico 73
Pierucci, Antônio Flávio de Oliveira 90
Pinto, José Alberto Lopes de Castro 52, 73
Prado, José Luís Gonzaga 102
Prado, José Luiz Gonzaga do 98
Prado, Luiz Gonzaga do 99
Presman, Daniel 106
Preto, I. O. 96
Provenzi, Anoar Jarbas 109

R

Rabuske, Irineu J. 112
Ramos, Lincoln 67, 68, 73, 74, 75, 90
Recreio, Francisco 49
Redondo, Márcio Loureiro 41
Rehfeld, W. 97
Rodrigues, Nércio 72, 73, 96
Rohden, Huberto 62, 63, 66, 90
Rosenberg, Norma 106
Rosenberg, Ruben 106
Ruffier, Maurício 96

S

Saba, José S. 73, 149
Sá, Joaquim José da Costa 54
Saloto, Kuiz Romulo Fernandes 109
Salum, Isaac Nicolau 89
Salvador, Joaquim 79, 96
Santos, Antonio Ribeiro dos 24, 30, 31, 33, 43, 44, 54, 137, 138
Santos, Myriam Carvalho dos 90

Sarmento, Francisco de Jesus Maria 53
Sayão, Luiz Alberto Teixeira 41
Scardelai, Donizete 99
Schultze, Benjamim 43
Selong, Gabriel 74
Sena, Luiz Gonzaga 73
Shedd, Russel Philip 39
Silva, Alcides P. da 73
Silva, Cássio Murilo Dias da 112
Silva, Duarte Leopoldo e 61
Silva, Lucília Marques Pereira da 41
Silva, Luís Henrique Eloy e 104
Silvano, Zuleica 109
Silva, Rafael Rodrigues 99, 107
Skrzypczak, Otto 73, 75, 91
Smith, John Rockwell 59
Soares, Manuel de Matos 55, 61, 143
Souza, Antônio Cândido de Mello e 90
Souza, José Carlos Cintra de 90
Stadelmann, Luiz Inácio 75, 89, 96, 112
Storniolo, Ivo 73, 75, 89, 90, 98, 105
Surian, Floriano 74

T

Teixeira, Alfredo Borges 59
Teixeira, Francisco 112
Terra, João Evangelista Martins 18, 19, 42, 53, 57, 60, 71, 72, 86, 96
Terra, Pedro 73
Tintori, Eusébio 65
Tomasella, Daniel 73
Touitou, Daniel 106
Trajano, Antônio B. 59
Tucker, Hugh Clarence 59

V

Vanucchi, Aldo 96
Várzea, Virgílio 59
Vasconcellos, Pedro Lima 99, 109
Vaught, Johannes de 26
Vendrame, Calisto 89
Veríssimo, José 59
Vidigal, José Raimundo 73, 89, 102, 105
Vieira, Nicolau 19
Vogt, Ernesto 71, 73, 112, 149

W

Walther, Christovão Theodosio 30

Z

Zamagna, Domingos 74, 75, 89
Zamith, Joaquim de Arruda 89
Zas, Theodorus 27
Zioni, Vicente Marchetti 65, 143

Impresso na gráfica da
Pia Sociedade Filhas de São Paulo
Via Raposo Tavares, km 19,145
05577-300 - São Paulo, SP - Brasil - 2018